GUIA VISUAL DE BOLSO – FOLHA DE S.PAULO

# BOSTON

GUIA E MAPA: A CIDADE NA PALMA DA MÃO

PUBLIFOLHA

UM LIVRO DORLING KINDERSLEY

www.dk.com


"Pocket Map & Guide: Boston" foi publicado originalmente na Grã-Bretanha em 2008 pela Dorling Kindersley Limited, 80 Strand, Londres, WC2R 0RL, Inglaterra.


**ISBN 978-85-7914-291-8**



**PUBLIFOLHA**

Divisão de Publicações do Grupo Folha

Al. Barão de Limeira, 401, 6º andar, CEP 01202-900, São Paulo, SP

Tel.: (11) 3224-2186/2187/2197

www.publifolha.com.br

**COORDENAÇÃO DO PROJETO**

PUBLIFOLHA

EDITORA-ASSISTENTE: Mell Brites

COORDENAÇÃO DE PRODUÇÃO GRÁFICA: Mariana Metidieri

**PRODUÇÃO EDITORIAL**

PÁGINA VIVA

TRADUÇÃO: Marina Amaral

EDIÇÃO: Carlos Tranjan

REVISÃO: Beatriz Chaves

**DORLING KINDERSLEY**

DESIGN, TEXTO E PESQUISA ICONOGRÁFICA: Quadrum Solutions (Mumbai, Índia)

Impresso na Leo Paper, China.

A grafia deste livro segue as regras do Novo Acordo Ortográfico da Língua Portuguesa.

*Foi feito o possível para garantir que as informações deste livro fossem as mais atualizadas disponíveis até o momento da impressão. No entanto, alguns dados como telefones, preços, horários de funcionamento e informações de viagem estão sujeitos a mudanças. Os editores não podem se responsabilizar por nenhuma consequência do uso deste guia, nem garantir a validade das informações contidas nos sites indicados. Os leitores interessados em fazer sugestões ou comunicar eventuais correções podem escrever para a Publifolha, Al. Barão de Limeira, 401, 6º andar, CEP 01202-900, São Paulo, SP, enviar um fax para: (11) 3224-2103 ou um e-mail para: atendimento@publifolha.com.br*

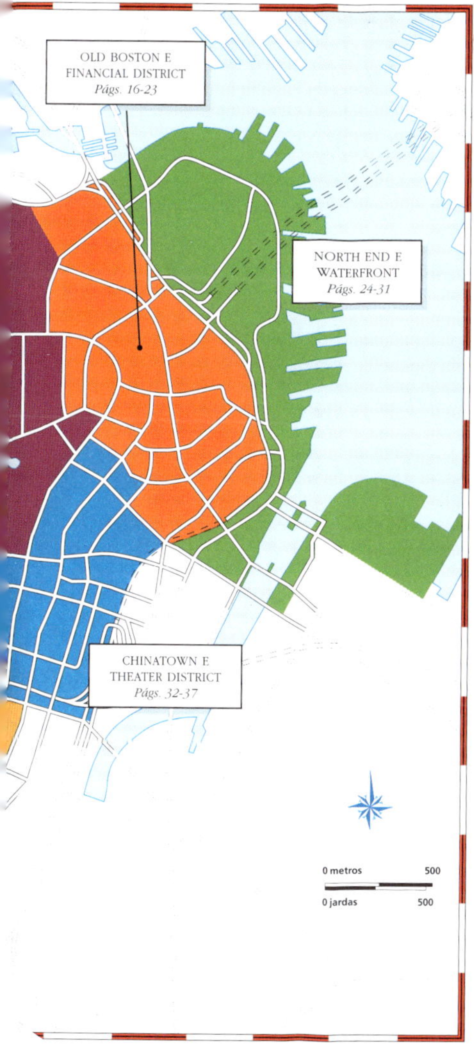
OLD BOSTON E
FINANCIAL DISTRICT
Págs. 16-23
NORTH END E
WATERFRONT
Págs. 24-31
CHINATOWN E
THEATER DISTRICT
Págs. 32-37
0 metros 500
0 jardas 500

*Vista da silhueta de Back Bay, em que se destaca a John Hancock Tower*

# SUMÁRIO

*Detalhe de ornamentação dourada do Wang Theater*

*O campanário da Memorial Church, em Harvard Yard*

# Centro de Boston

Boston é uma cidade compacta, de fácil circulação. Muitas de suas atrações principais –os diversos pontos históricos e culturais, lojas e restaurantes– ficam nos cinco bairros centrais. O extenso sistema de metrô (o "T") torna a vizinha Cambridge bastante acessível.

**Boston Athenaeum**

*A biblioteca pessoal de George Washington está no Boston Athenaeum (pág. 14).*

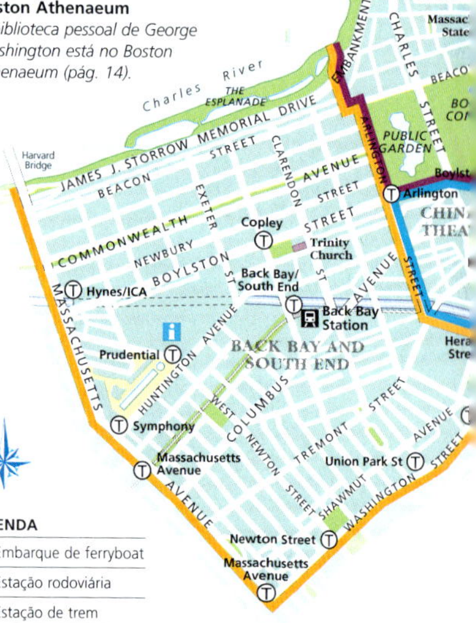


**LEGENDA**

- Embarque de ferryboat
- Estação rodoviária
- Estação de trem
- Estação de metrô
- Informação turística

**Long Wharf**
*Construído em 1710, este é o embarcadouro em operação mais antigo da cidade. A esplanada à beira-mar é um bom ponto de observação da orla (pág. 28).*

**Custom House**
*A torre de 150m de altura abriga um observatório com vista panorâmica (pág. 22).*

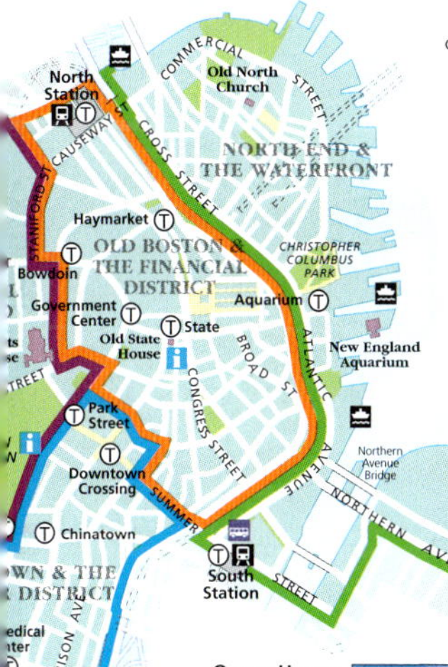


**Opera House**
*Construção grandiosa, tem fachada de terracota e estilo barroco espanhol, com pé-direito alto e três andares de balcões em "U". É a casa das longas temporadas de musicais da Broadway (pág. 35).*

**Newbury Street**
*Nesta rua se misturam galerias de arte prestigiadas, quase sempre bem escondidas, butiques de estilistas e alguns dos restaurantes mais badalados da cidade (pág. 40).*

# Boston em Destaque

Os locais históricos da luta dos americanos pela independência, a imponência da arquitetura federal (estilo dos EUA pós-guerra civil) em construções preservadas do século 19 e os museus de Harvard são algumas das atrações obrigatórias de Boston. Abaixo, uma seleção das principais.

## Boston Histórica

**Old State House**
Construída em 1713, a antiga sede do governo britânico é um exemplo da magnífica arquitetura colonial *(pág. 19)*.

**Old South Meeting House**
De 1729, o edifício foi palco de debates cruciais e protestos contra os impostos britânicos no período colonial *(pág. 18)*.

*Escudo da fachada oeste da Old State House*

**Old North Church**
Esta igreja desempenhou papel importante na guerra civil quando Paul Revere mandou pendurar lanternas no campanário para sinalizar aos patriotas de Charlestown a retirada britânica *(pág. 26)*.

**Massachusetts State House**
A "nova" sede do governo de Massachusetts, concluída em 1798, é a peça de resistência do arquiteto Charles Bulfinch e uma das construções mais características da cidade *(pág. 13)*.

**Boston Tea Party Ships and Museum**
Réplicas das embarcações envolvidas no Boston Tea Party em 1773 celebram um dos atos de rebeldia contra os britânicos, quando fardos de chá foram jogados ao mar pelos colonos *(pág. 30)*.

## Museus

**Museus da Universidade Harvard**
Diversos museus de arte, ciências naturais e antropologia *(págs. 53-4)*.

**Museum of Fine Arts**
Um dos maiores museus do país, o MFA abriga grandes acervos de arte asiática e impressionista *(pág. 50)*.

**Institute of Contemporary Art**
Fundado em 1936, o ICA traz o melhor da arte do século 21 *(pág. 31)*.

**Isabella Stewart Gardner Museum**
O acervo deste museu conta com 2.500 peças, incluindo obras-primas da Renascença italiana, como o *Rapto de Europa*, de Ticiano *(pág. 49)*.

*Museus Fogg Art e Busch-Reisinger na Universidade Harvard*

## Cultura e Diversão

**Chinatown**
A Chinatown de Boston é uma das mais populosas do país. Na Beach Street há muitos restaurantes, mercados, lojinhas de curiosidades e boticários de medicina chinesa *(pág. 35)*.

**Opera House**
Este teatro branco em estilo barroco espanhol é usado para apresentações de musicais em turnê pelo país e do Boston Ballet *(pág. 35)*.

**Shubert Theater**
Com 1.650 lugares, este teatro sedia produções musicais pré-Broadway e trabalhos de companhias locais *(pág. 36)*.

*O monumental Grand Lobby do Wang Theater*

**Wang Theater**
Este teatro de 3.600 lugares traz produções da Broadway e do West End de Londres, além de companhias de dança e ópera locais *(pág. 36)*.

**Boston Public Library**
Fundada em 1848, esta é a mais antiga biblioteca pública dos Estados Unidos. Visitas guiadas permitem conhecer a história do edifício *(pág. 41)*.

*Tiranossauro no Museum of Science and Science Park*

**Berklee Performance Center**
A maior escola independente de música do mundo apresenta concertos de jazz e música pop de alunos e professores *(pág. 44)*.

## Para a Família

**Boston Common e Public Garden**
Neste belo parque, pedalinhos *(swan boats)* deslizam sob os salgueiros e crianças se divertem nas fontes –tudo observado por um George Washington de bronze *(pág. 11)*.

**New England Aquarium**
Chegue pertinho de pinguins, focas e muitas outras criaturas marinhas neste aquário em que se destaca o Giant Ocean Tank *(pág. 29)*, com 900 mil litros de água.

**Children's Museum**
O museu interativo para as crianças tem bolhas de sabão gigantes e um labirinto no parque externo *(pág. 30)*.

**Museum of Science and Science Park**
O preferido das famílias, este museu tem mais de 550 painéis interativos que explicam as leis da natureza *(pág. 15)*.

# BEACON HILL E WEST END

Beacon Hill se desenvolveu na década de 1790, numa área de pastagens. As encostas ao sul, em frente ao Boston Common, abrigaram a riqueza e o poder até o fim do século 19. Uma reforma urbana nos anos 1960 removeu os cortiços do West End, que passou a ser ocupado pela classe média e se tornou um bairro pitoresco.

## PRINCIPAIS ATRAÇÕES

**Ruas e Praças Históricas**

Beacon Street 5

Charles Street 1

Louisburg Square 2

**Edifícios Históricos, Igrejas e Museus**

Boston Athenaeum 9

Massachusetts General Hospital 12

Massachusetts State House 8

Museum of African American History 10

Museum of Science and Science Park 13

Nichols House Museum 3

Otis House Museum 11

Park Street Church 6

**Parques e Cemitérios**

Boston Common and Public Garden 4

Old Granary Burying Ground 7

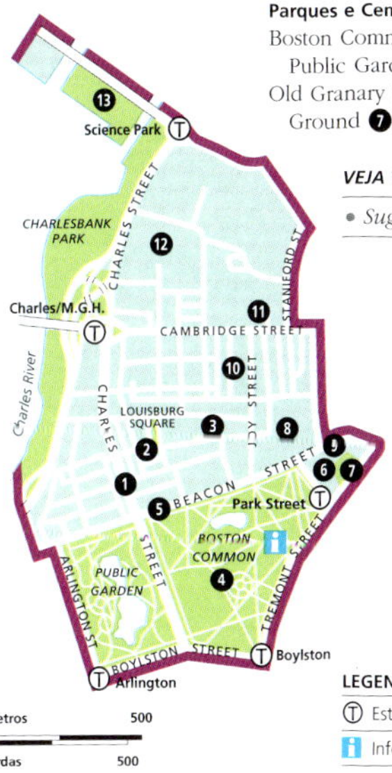


***VEJA TAMBÉM***

- *Sugestões pág. 15*

**LEGENDA**

Ⓣ Estação de metrô

Informação turística

*A Massachusetts State House, vista do Boston Common*

*O comércio da Charles Street atende aos moradores de Beacon Hill*

## Charles Street ❶

**Mapa G3-G4.**

A principal área compras e alimentação de Beacon Hill fica no trecho em que a Charles Street, curva, contorna o sopé da colina, formando um largo com ar de cidadezinha do interior. Muitas das casas continuam residenciais nos andares de cima –o térreo e o subsolo há anos foram ocupados por estabelecimentos comerciais, entre eles muitos antiquários. Dois grupos de belas casas em estilo neoclássico se enfileiram no topo da Charles Street, entre as ruas Revere e Cambridge.

## Louisburg Square ❷

**Mapa G4.**

Lar de políticos, grandes empresários e escritores best-seller, Louisbourg Square pode ser considerado o endereço mais cobiçado de Boston. A praça cresceu na década de 1830 como uma área reservada de Beacon Hill –o pequeno pedaço de terra arborizado rodeado por uma cerca alta de ferro atesta a exclusividade deste território. Ná última praça privativa da cidade, as *town houses* neoclássicas de fachada estreita em arco valem mais do que em qualquer outro lugar em Beacon Hill. Uma estátua de Cristóvão Colombo, doada por um comerciante grego em 1850, ocupa o centro da Louisbourg Square.

*Sala de desenho projetada por Bulfinch no Nichols House Museum*

## Nichols House Museum ❸

**Mapa G4.** 55 Mount Vernon St. Aberto abr-out: 11h-16h ter-sáb; nov-mar: 11h-16h qui-sáb. Entrada paga.

O museu foi projetado por Charles Bulfinch em 1805 e hoje permite vislumbrar o estilo de vida tradicional de Beacon Hill. Modernizado em 1830, com o acréscimo de um pórtico neoclássico, a casa continua a ser um exemplo fantástico da arquitetura doméstica de Bulfinch. Também oferece a chance de conhecer a vida de uma personagem típica de Beacon Hill.

*Estátua de Colombo na Louisburg Square*

## Boston Common and Public Garden ❹

**Mapa G4.** Aberto 24 horas.

Até 1634 em posse de William Blackstone, o terreno de 19ha foi usado por dois séculos como área pastoril comunitária. À medida que Boston crescia, no século 19, Boston Common tornou-se um centro de atividades ao ar livre –e continua assim até hoje. Em comparação, o Public Garden (10ha) é mais formal. Depois do aterramento do que era uma região alagadiça em torno do Charles River, foram apresentados diversos projetos para a criação de um jardim público. A cidade escolheu o de estilo inglês, de autoria de George F. Meacham, em 1869. Dois anos depois, foi adicionada a lagoa.

**Lagoon Bridge**
O elegante pontilhão de 1869 sobre a lagoa é comumente confundido com uma ponte pênsil, tributo ao projeto inteligente do arquiteto.

**Shaw Memorial**
O alto-relevo em bronze de Augustus Saint-Gaudens homenageia o "Lutador 54º", um dos únicos regimentos da União formados por afro-

*O popular Public Garden, um espaço verde no coração da cidade*

-americanos durante a Guerra Civil americana.

**George Washington Statue**
A figura do primeiro presidente da nação domina a extremidade oeste do jardim. O bronze de Thomas Ball foi o primeiro a retratar George Washington a cavalo.

**Swan Boats**
Os pedalinhos são a marca registrada do Public Garden desde 1877. Com o gracioso pescoço arqueado, cada um deles leva mais de 20 pessoas.

**Soldiers & Sailors Monument**
Em 1877, mais de 25 mil veteranos do Exército Federalista homenagearam os companheiros mortos na Guerra Civil com o memorial Martin Milmore. Baixos-relevos retratam a partida e o retorno de soldados e marinheiros.

*A ornamental ponte em miniatura na lagoa do Public Garden*

## Beacon Street 5

**Mapa G4.**

Muitas das elegantes mansões de Beacon Street dão para o Boston Common. No nº 55, a casa de William Hickling Prescott construída em 1808, são oferecidas curtas visitas pelas salas decoradas em estilo federal e por ambientes vitorianos e neocoloniais. No nº 45, que foi a última e mais bela casa de Harrison Gray Otis, fica a American Meteorological Society. Nos nºs 42-43 está o Somerset Club. A Parkman House, no nº 33, é agora um centro social municipal.

*As elegantes casas em estilo federal da Beacon Street*

## Park Street Church 6

**Mapa H4.** 1 Park St. Aberto jul-ago: 9h-15h30 ter-sáb; set-jun: é preciso agendar.

O campanário da Park Street Church, com 65m de altura, marca o cruzamento das ruas Park e Tremont desde 1810. A construção foi patrocinada por paroquianos que desejavam estabelecer uma igreja independente no coração de Boston. A Park

*A Park Street Church, na esquina das ruas Tremont e Park*

Street Church mais tarde iria se tornar famosa nas ilhas do Pacífico: em 1819, a igreja enviou missionários para pregar o Evangelho naquela região. A igreja continua engajada em atividades religiosas, políticas e humanitárias até hoje.

## Old Granary Burying Ground 7

**Mapa H4.** Tremont Street. Aberto diariam.

O nome remete ao celeiro colonial que ficava anexo à igreja antes da inauguração do cemitério, em 1660. Aqui estão enterrados três importantes signatários da Declaração da Independência –Samuel Adams, John Hancock e Robert Paine–, além dos pais de Benjamin Franklin e do herói da Revolução Americana, Paul Revere. A fileira ordenada de lápides aparece bastante em filmes e espetáculos passados em Boston. O local de enterro da pessoa homenageada é assinalado discretamente, às vezes com algumas pedras.

## Massachusetts State House 8

**Mapa G4-H4.** 24 Beacon Hill. Visitas 10h-15h30 seg-sex.

Concluída em 1798, a sede do governo projetada por Charles Bulfinch serviu de modelo para o Capitólio em Washington, a capital, e de inspiração para muitas sedes do governo de outros Estados. Com detalhes ousados e estrutura imponente, a State House personifica o otimismo que contagiou a América pós-revolucionária.

*Estátua de uma enfermeira do Exército na Guerra Civil, no Nurses Hall*

**Nurses Hall**
O salão de mármore tem murais que retratam episódios da Revolução. O nome deriva da estátua de uma enfermeira do Exército que homenageia aquelas que participaram da Guerra Civil.

**Hall of Flags**
As bandeiras conduzidas pelos regimentos do Estado de Massachusetts estão

*O Sacred Cod pendurado na House of Representatives*

guardadas aqui. Ficam expostas sob um vitral no teto que traz os brasões das 13 colônias originais.

**House of Representatives**
Este elegante salão oval foi construído para sediar a House of Representatives (Legislativo) em 1895. A escultura do Sacred Cod (Bacalhau Sagrado, símbolo da indústria pesqueira de Massachusetts) está na State House desde que ela abriu, em 1798.

**Senate Chamber**
Antes de 1895, este era o salão de reuniões da House of Representatives. Situada sob a magnífica cúpula revestida de ouro da State House, a câmara projetada por Bulfinch recebe bela iluminação.

**The Great Hall**
Construído em 1990, é o cômodo mais recente da State House. Com paredes de mármore e domo de vidro no teto, o salão é usado em cerimônias oficiais do Estado.

*A State House vista do Boston Common*

## Boston Athenaeum ❾

**Mapa H4.** 10½ Beacon St. Aberto seg-sáb (fim mai-ago: fechado sáb).

Fundado em 1807, o Boston Athenaeum é uma das principais bibliotecas privadas do país e foi classificado como Monumento Histórico Nacional em 1966. Entre os destaques do acervo estão a biblioteca pessoal de George Washington e a coleção teológica doada pelo rei Guilherme 3º, da Inglaterra, para a King's Chapel. Quando o Museum of Fine Arts foi projetado, o Athenaeum doou muitas obras de seu acervo, incluindo retratos inacabados de George e Martha Washington.

## Museum of African American History ❿

**Mapa G4.** 46 Joy St. Aberto 10h-16h seg-sáb.

A African Meeting House é a peça central do museu. A igreja negra mais antiga do país foi palco para a pregação dos mais inflamados oradores abolicionistas do século 19, como Frederick Douglass. A sala de reuniões do térreo abrigou a primeira escola de Boston para crianças afro-americanas até a construção da vizinha Abiel Smith School, em 1831.

*Abiel Smith School, onde os negros libertos da cidade eram educados*

## Otis House Museum ⓫

**Mapa G4.** 141 Cambridge St. Aberto qua-dom. Entrada paga.

Esta mansão de 1796 foi construída para Harrison Gray Otis, um jovem em ascensão na Boston federalista. Um dos fundadores do bairro de Beacon Hill e terceiro prefeito de Boston, Otis usava a casa como local para receber e entreter convidados. Os visitantes que circulam pela Otis House, restaurada da maneira como era em 1800, surpreendem-se com o estilo fulgurante da decoração.

*Sala de jantar suntuosamente decorada no Otis House Museum*

Inicialmente decorada no contido estilo colonial de Williamsburg, a casa foi repaginada conforme o gosto extravagante da elite de Boston.

### Massachusetts General Hospital ⓬

**Mapa G3.** Cambridge e Fruit Sts.

O hospital ocupa o local original da Harvard Medical School e é um dos principais centros de referência em pesquisa médica do mundo. Os locais mais interessantes do campus são o Bulfinch Pavilion e o Ether Dome. Em 1846, o uso do éter como anestésico cirúrgico foi demonstrado pela primeira vez aqui.

*Ether Dome, parte do Massachusetts General Hospital*

### Museum of Science and Science Park ⓭

**Mapa G3.** Science Park. Aberto diariam. Entrada paga.

Com mais de 550 painéis interativos de história natural, medicina e astronomia, o Science Museum é destinado a famílias com crianças. O museu também abriga o Boston's Computer Museum, um dos primeiros do gênero no mundo. O Mugar Omni Theater, com uma tela abobadada de cinco andares e sistema de som multidimensional, oferece principalmente filmes educativos.

## SUGESTÕES

### RESTAURANTES

**75 Chestnut**
**Mapa G4.** 75 Chestnut St.
Tel (617) 227-2175.
**Moderado**
*Elegante e romântico bistrô de cozinha americana.*

**Beacon Hill Bistro**
**Mapa G4.** 25 Charles St.
Tel (617) 723-7575.
**Moderado**
*Bistrô em estilo francês com comida caseira americana.*

**Lala Rokh**
**Mapa G4.** 97 Mount Vernon St.
Tel (617) 720-5511.
**Moderado**
*Excelente cozinha persa.*

*Ver códigos de preço na pág. 64.*

### BARES E CAFÉS

**Beacon Hill Pub**
**Mapa G4.** 149 Charles St.
*Drinques baratos e boas conversas.*

**Sevens Ale House**
**Mapa G4.** 77 Charles St.
*O bar tem clientes amigáveis e cardápio rústico de pub.*

### COMPRAS

**Elegant Findings**
**Mapa G4.** 89 Charles St.
*Porcelana europeia pintada à mão.*

**Judith Dowling Asian Art**
**Mapa G4.** 133 Charles St.
*Peças asiáticas –de estatuetas budistas do século 17 a cerâmica de primeira linha.*

NO
TURN
ON RED

# OLD BOSTON E FINANCIAL DISTRICT

Nesta área, o antigo e o novo se encontram. O norte do bairro abriga a City Hall (Prefeitura) de Boston e o Government Center, enquanto no leste fica o Financial District. Antigamente esta área fazia parte do porto, um bairro construído graças à prosperidade mercantil. Hoje em dia, os embarcadouros foram substituídos pelos arranha-céus dos conglomerados financeiros.

## PRINCIPAIS ATRAÇÕES

**Ruas e Praças Históricas**

Blackstone Block 8

Post Office Square 12

**Edifícios Históricos e Igrejas**

Center Plaza 5

Custom House 11

Faneuil Hall 9

Government Center 7

King's Chapel e Burying Ground 2

New City Hall 6

New England Telephone Building 13

Old South Meeting House 3

Old State House 4

Omni Parker House 1

Quincy Market 10

***VEJA TAMBÉM***

• *Sugestões pág. 23*

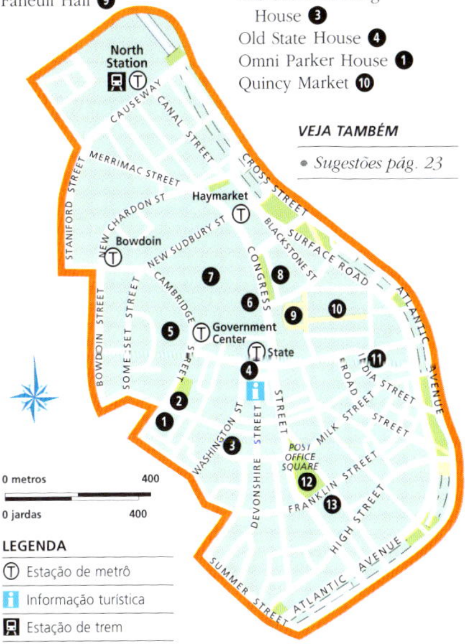


**LEGENDA**

Estação de metrô

Informação turística

Estação de trem

◄ *A histórica Old South Meeting House*

*O suntuoso lobby de hotel na Omni Parker House*

## Omni Parker House 1

**Mapa H4.** 60 School St.

Quando foi inaugurada em 1855, a Parker House tinha fachada de mármore e cinco andares de altura. O edifício passou por sucessivas transformações e, desde 1927, seus 14 andares erguem-se diante da King's Chapel na School Street. Este hotel conquistou fama instântanea por suas acomodações luxuosas, cozinha fina e uma invenção –a Boston Cream Pie (torta de creme).

## King's Chapel e Burying Ground 2

**Mapa H4.** 58 Tremont St. Horários variáveis durante os trabalhos de restauração.

A primeira capela neste local foi construída em 1688. Quando o governo da Nova Inglaterra decidiu ampliar o espaço de orações, este edifício de granito –iniciado em 1749– foi erigido em volta da capela de madeira original. O pé-direito alto, os arcos abertos e as janelas de vidro transmitem uma sensação de amplidão e luminosidade. O púlpito elevado, em formato de taça, de 1717, é um dos mais antigos dos Estados Unidos.

## Old South Meeting House 3

**Mapa H4.** 310 Washington St. Aberto diariam. Entrada paga.

Construído para os serviços religiosos dos puritanos em 1719, este edifício era o maior espaço de reunião da Boston colonial –fato capitalizado por um grupo de rebeldes autodenominado Sons of Liberty (Filhos da Liberdade). Durante um protesto em 1773, Samuel Adams teve o lampejo que levaria ao Boston Tea Party no Griffin's Wharf horas depois. Os britânicos retaliaram transformando a Old South em taberna de oficiais e estábulo. O Movimento de Preservação Histórica salvou o edifício da destruição em 1877 e criou o museu. Mostras e uma apresentação multimídia, *Voices of Protest* (Vozes do Protesto), revivem esses dias turbulentos.

*Decorado com simplicidade, o interior branco da King's Chapel na Tremont Street*

*A Old State House entre os arranha-céus do Financial District*

## Old State House 4

**Mapa H4.** Washington e State Sts. Aberto diariam. Entrada paga.

Hoje apequenada pelas torres do Financial District, a Old State House foi sede do governo colonial britânico de 1713 a 1776. O leão real e o unicórnio ainda decoram cada um dos cantos da fachada leste. Depois da independência, o Poder Legislativo de Massachusetts tomou posse do prédio e, desde então, ele já foi mercado, loja maçônica e sede da prefeitura de Boston. As antigas adegas agora abrigam a estação de metrô do centro, e o prédio dedica dois andares às memórias históricas da sociedade bostoniana, incluindo uma apresentação sobre o Massacre de Boston.

*Unicórnio britânico*

**Eventos históricos**

Um círculo de pedras arredondadas marca o local do massacre, embaixo de um balcão da fachada leste. Depois do Boston Tea Party, esse foi um dos acontecimentos mais explosivos do período preparatório da Revolução Americana. No dia 5 de março de 1770, uma multidão descontrolada de colonos começou a provocar os guardas britânicos; os soldados abriram fogo e mataram cinco colonos. No dia 18 de julho de 1776, a Declaração da Independência foi lida pela primeira vez aos bostonianos em um balcão da Old State House.

**Fachada leste**

A fachada passou por muitas mudanças. Um relógio da década de 1820 foi removido em 1957 e substituído por uma réplica do século 18 de um relógio de sol que existia aqui antes. O relógio de 1820 foi reinstalado recentemente.

**Escadaria central**

Um ótimo exemplo do trabalho artesanal do século 18, a escada em espiral tem dois lindos corrimãos de madeira. É uma das raras escadarias desse tipo ainda em uso nos Estados Unidos.

*Vista da escadaria central da Old State House*

*A estrutura curvilínea do modernista Center Plaza, na Cambridge Street*

## Center Plaza 5

**Mapa H4.** Cambridge St.

O traçado irregular das ruas do centro deu origem a alguns edifícios incomuns, como o Center Plaza, que foi projetado com a intenção de seguir o desenho da antiga Cambridge Street. O complexo comercial "achatado" é frequentemente descrito como um "arranha-céu na horizontal". Lojas e restaurantes se enfileiram ao longo da calçada, enquanto na praça atrás ficam alguns edifícios bem mais antigos.

## New City Hall 6

**Mapa H4.** City Hall Plaza. Aberto seg-sex.

Com projeto arquitetônico premiado, este edifício modernista inaugurado em 1968 parece pesado demais para a estrutura que o suporta. De concreto e alvenaria, o City Hall tem repartições públicas e um amplo espaço que nas férias abriga shows, bandas de escolas e grupos de canto, além das exposições de arte da comunidade. Um palco externo costuma receber shows noturnos de rock e música pop.

## Government Center 7

**Mapa H4.** Cambridge, Court, New Sudbury e Congress Sts.

O centro do governo foi construído no lugar onde ficava a Scollay Square, e seu projeto teve como inspiração a vitalidade que o ar livre proporciona às *piazzas* italianas. Para se obter esse efeito, o novo City Hall de Boston foi contornado por uma praça avarandada de 23ha, pavimentada com 1,8 milhão de tijolos. Essa amplidão faz da praça o local ideal para sediar eventos como competições esportivas e shows. De maio a novembro, há uma feira de produtos agrícolas no lado da Cambridge Street todas as segundas e quartas-feiras.

*New City Hall e Government Center, pontos de referência de Boston*

*Union Oyster House, um dos restaurantes mais famosos de Boston*

## Blackstone Block 8

**Mapa H4.** Union, Hanover, North, e Blackstone Sts.

Este é um dos poucos locais a preservar a pavimentação de paralelepípedos usada nas vielas e becos do século 17, resquícios da Boston colonial. O filho mais famoso do bairro, Benjamin Franklin, cresceu nas proximidades das ruas Union e Hanover. Antes dos aterros que expandiram a cidade, este quarteirão ficava próximo do mar, como se percebe pelos nomes das ruas: Salt Lane (Viela do Sal), Marsh Lane (Viela do Brejo) e Creek Square (Praça da Enseada). O edifício mais antigo aqui data de 1714 e desde 1826 abriga o elegante Union Oyster House (restaurante especializado em ostras), famoso por sua clientela de políticos eminentes, que incluiu, nos anos 1950, o então senador John F. Kennedy.

## Faneuil Hall 9

**Mapa H4.** Dock Sq. Aberto diariam.

O próspero comerciante Peter Faneuil presenteou a cidade em 1742 com este marco georgiano que sempre funcionou simultaneamente como mercado público e ponto de reunião. As assembleias dos revolucionários ocupavam o hall, que foi palco do discurso de 1763 de Samuel Adams conclamando as colônias americanas a se unir contra a opressão britânica e lutar por sua independência; vem daí o apelido do prédio: Cradle of Liberty (Berço da Liberdade).

Faneuil Hall se expandiu muito e foi restaurado na década de 1970 como parte de uma reestruturação maior do Quincy Market *(pág. 22)*. Entre as pinturas do andar superior, no Neo-Classical Great Hall, está o óleo de George Heal *Liberty and Union, Now and Forever*, retratando o senador de Massachusetts, Daniel Webster. O pavimento mais alto abriga o quartel e o arsenal da Ancient and Honorabel Artillery Company, criada em 1638 para defender a colônia da baía de Massachusetts. Entre os objetos expostos estão armas, tambores militares e medalhas.

*Clientes em barraca no mercado de Faneuil Hall*

*Galeria do domo principal neoclássico no hall central do Quincy Market*

## Quincy Market 10

**Mapa H4-J4**. Entre Chatham e Clinton Sts. Aberto diariam.

Este complexo de compras e restaurantes se desenvolveu nas antigas instalações do primeiro mercado de produtos agrícolas e carne, Faneuil Hall, ou Quincy Market. A peça principal, uma estrutura neoclássica, data de 1825; o comprido hall em estilo colonial está tomado por tendas de fast-food. Os edifícios gêmeos –North e South Market– foram reformados para acomodar butiques, restaurantes, pubs, lojas e escritórios no andar de cima.

## Custom House 11

**Mapa J4**. 3 McKinley Square. Museu: aberto diariam. Torre: aberta seg-sáb (horários limitados).

A estrutura com colunas dóricas, que imita um templo grego, ficou pronta em 1847. Desde 1915, sustenta uma torre anacrônica de 150m de altura. O público tem acesso livre a um pequeno museu de história marítima, instalado no domo do século 19, que expõe objetos emprestados do Peabody Museum de Salem. Nesse acervo estão pinturas que tem o mar como tema e itens que documentam o comércio entre Boston e a China. O observatório, com vista panorâmica, está sempre aberto ao público.

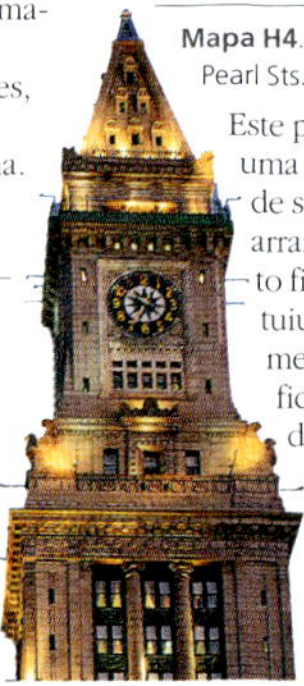

*A notável torre neoclássica da Custom House*

## Post Office Square 12

**Mapa H4**. Entre Congress e Pearl Sts.

Este parque adorável, uma pequena ilha verde situada entre os arranha-céus do distrito financeiro, substituiu um estacionamento feio que ficava aqui. Trepadeiras sobem por uma treliça com comprimento de 44m em um dos lados do parque, e uma fonte feita de vidro verde ocupa o lado da Pearl Street. No

Angell Memorial Plaza, outra fonte homenageia George Angell, fundador da Massachusetts' Society for the Prevention of Cruelty to Animals.

## New England Telephone Building ⓭

**Mapa H4.** 185 Franklin St.

Com vista para o lado sul da Post Office Square, este edifício de 1947 é um exemplo contido da arte moderna do pós-guerra. Fica entre o maciço palácio de inspiração neorrenascentista onde hoje está instalado o Langham Boston Hotel e a verticalidade radical em estilo Art Déco do antigo prédio dos Correios, situado no lado da praça que dá para a Congress Street. Os antigos escritórios da New England Telephone abrigam um pequeno museu (aberto até o final de 2011) com artefatos do inventor do telefone e fundador da companhia, Alexander Graham Bell. Os murais nos pavimentos superiores do saguão homenageiam os operários da indústria de telefones.

*O peculiar edifício da New England Telephone*

## SUGESTÕES

### RESTAURANTES

**Café Fleuri**
**Mapa H4.** 250 Franklin St.
Tel (617) 451-1900.
**Moderado**
*Culinária francesa tradicional com ótima carta de vinhos.*

**Umbria**
**Mapa J4.** 295 Franklin St.
Tel (617) 338-1000.
**Moderado**
*Jantares finos com ingredientes importados da Itália.*

**Kingfish Hall**
**Mapa H4.** 188 South Market Building, Faneuil Hall Market Place. Tel (617) 523-8862.
**Caro**
*Frutos do mar maravilhosos, de um famoso chef local.*

**Radius**
**Mapa H4.** 8 High St.
Tel (617) 426-1243.
**Caro**
*O chef Michael Scholow cria pratos sensuais da nova culinária americana.*

### BARES

**Parker's Bar**
**Mapa H4.** 60 School St.
*Elegante e caro –ideal para relaxar com um single malt.*

**Times Irish Pub & Bar**
**Mapa J4.** 112 Broad St.
*Reserve para uma noite de música ao vivo e experimente alguns dos 20 tipos de cerveja.*

*Ver códigos de preço na pág. 64.*

# NORTH END E WATERFRONT

Este bairro é um símbolo das fortunas que foram feitas na cidade –prosperou com a marinha mercante e se transformou à medida que o mercado financeiro e as indústrias high-tech se tornavam atividades mais lucrativas; hoje, os antigos armazéns abrigam apartamentos e escritórios de alto luxo. O North End é o bairro italiano de Boston, com cafés e delicatessens.

## PRINCIPAIS ATRAÇÕES

**Locais Históricos e Igrejas**

Clough House 2
Copp's Hill Burying Ground 1
Old North Church 3
Paul Revere House 6
Paul Revere Mall 4
St. Stephen's Church 5

**Atrações à Beira-Mar**

Boston Tea Party Ships & Museum 11
Children's Museum 12
Christopher Columbus Park 7
Institute of Contemporary Art 13
Long Wharf 8
New England Aquarium 9
Rowes Wharf 10

***VEJA TAMBÉM***

• *Sugestões pág. 31*

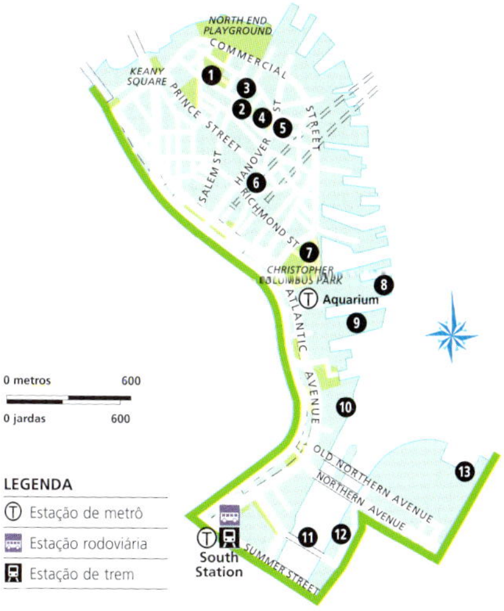


◀ *Rowes Wharf, parte do progresso na orla marítima de Boston*

*Rua tranquila e arborizada, típica do entorno de Copp's Hill*

### Copp's Hill Burying Ground ❶

**Mapa H3.** Entradas na Charter e na Hull Sts. Abre diariam.

Este cemitério de 1659 é o segundo mais antigo de Boston. Boa parte da área ocupada por ele foi adquirida de um fazendeiro local, William Copp, em 1643. Entre as pessoas célebres enterradas aqui estão Robert Newman, o sacristão que a mando de Paul Revere pendurou no campanário da Old North Church as lanternas que alertavam para a partida das tropas britânicas, e Edmund Hartt, construtor do navio U.S.S. *Constitution*. Durante a ocupação britânica de Boston, este local foi usado como ponto de artilharia dos comandantes ingleses.

### Clough House ❷

**Mapa J3.** 21 Unity St. **Tel** (617) 523-6676. Ligue para confirmar horários. Entrada paga.

Ebenezer Clough foi um mestre de obras que construiu seis *town houses* na Unity Street em 1710. A única que ainda existe é esta que fica no nº 21. Em mau estado de conservação, a Clough House seria demolida, mas foi salva pelo reverendo P. Kellet, vigário da Christ Church, que promoveu uma campanha de arrecadação de fundos em 1962. A construção austera de três andares é típica da arquitetura colonial de Boston. Restaurada, recuperou os lintéis trabalhados das portas. O Heritage Room, no segundo andar, exibe o mobiliário típico do período.

### Old North Church ❸

**Mapa H3-J3.** 193 Salem St. Aberto diariam (jan-fev: fechado seg). Entrada paga.

Christ Episcopal Church é o nome oficial do mais antigo edifício religioso preservado de Boston. Foi construído em estilo georgiano semelhante ao da St. Andrew's-by-the-Wardrobe, em Blackfriars, Londres. A igreja se tornou famosa em 18 de abril de 1775, quando o sacristão Robert Newman, ajudante de Paul Revere, pendurou um par de lanternas de sinaliza-

*Os estranhos bancos "fechados" da Old North Church*

ção no campanário para avisar aos patriotas de Charlestown que as tropas britânicas tinham se retirado, incitando os revolucionários à luta. A torre contém o primeiro conjunto de sinos de igreja da América do Norte, fundido em 1745. O jovem Paul Revere foi um dos tocadores.

### Paul Revere Mall ❹

**Mapa J3.** Hanover St.

Esta praça com calçamento de tijolos proporciona à apinhada vizinhança do North End uma preciosa faixa de espaço aberto entre as ruas Hanover e Unity. O shopping está sempre cheio de descendentes italianos conversando no idioma materno, jogando cartas ou gamão. Inaugurado em 1933, e originalmente chamado de Prado, o local tem como marco a estátua do herói bostoniano Paul Revere, feita por Cyrus Dallin em 1885 e trazida para cá em 1940. Placas de bronze em baixo-relevo nos muros do lado do shopping homenageiam os moradores de North End que tiveram papel importante na história de Boston. Bancos, uma fonte e duas alas de tílias completam o ambiente de ar europeu.

*Estátua de autoria de Cyrus Dallin, Paul Revere Mall*

### St. Stephen's Church ❺

**Mapa J3.** 401 Hanover St. Aberto seg-sáb.

Inaugurada em 1714 como uma modesta casa de reuniões da igreja congregacionalista (protestante), a St. Stephen's Church passou por uma reforma que a ampliou e embelezou, projetada por Charles Bulfinch entre 1802 e 1804. Foram incorporados motivos renascentistas, assim como um campanário coroado por uma cobertura dourada. Um ano depois de pronto, o conjunto de sinos pioneiro do revolucionário Paul Revere foi instalado na torre. O atual nome da igreja data de 1862, quando se tornou católica romana para atender ao número crescente de irlandeses no North End. Quando a Hanover Street foi alargada, em 1869, a estrutura inteira recuou 5m e, um ano depois, ganhou mais 2m de altura para acomodar uma capela no porão. O interior da igreja tem um gracioso forro inclinado, colunas de pinho pintadas de branco e um par de candelabros de estanho.

*A St. Stephen's Church e seu campanário renascentista*

*Vista do Financial District, através do Christopher Columbus Park*

### Paul Revere House ❻

**Mapa J3.** 19 North Sq. Abre diariam (jan-mar: fechado seg). Entr. paga.

A mais antiga casa de madeira da cidade a resistir ao tempo tem ainda maior significado histórico por ter sido daqui que Paul Revere partiu em 1755 para a lendária cavalgada a fim de prevenir os compatriotas em Lexington da chegada dos britânicos. Descendente huguenote, Revere era artesão e comerciante de prata e ouro, e foi o proprietário desta casa de 1770 a 1800. As pequenas janelas de batente e a porta de entrada são um belo exemplo da arquitetura americana do século 17.

*A cozinha da casa de Paul Revere tal como era no século 17*

### Christopher Columbus Park ❼

**Mapa J4.** Atlantic Avenue, entre Long e Commercial Wharves.

A reurbanização do entorno de Inner Harbor deu origem a este parque em 1976. Com 2ha de área, oferece belas vistas da orla e do Financial District. Em 1987, em homenagem à matriarca dos Kennedy, o parque ganhou um jardim, o Rose Fitzgerald Kennedy Garden.

### Long Wharf ❽

**Mapa J4.** Atlantic Avenue.

O Long Wharf foi construído em 1710 para atender ao florescente comércio marítimo. O século seguinte seria o auge do comércio internacional marítimo de Boston, que era o porto mais disputado da América do Norte e um dos mais importantes das colônias. Hoje, o Long Wharf é o ponto de embarque para Provincetown, Charlestown Navy Yard e as Harbor Islands. A esplanada atraente no fim do embarcadouro também oferece belas vistas da orla.

## New England Aquarium ❾

**Mapa J4.** Central Wharf. Aberto diariam. Entrada paga.

O mar invade quase todos os aspectos da vida em Boston –portanto, nada mais justo do que o New England Aquarium ser uma das atrações mais populares da cidade. Inaugurado em 1969, o aquário é um lugar emocionante em que se aprende sobre a vida marinha e sobre o compromisso de conservar o ambiente natural de suas variadas criaturas. Uma sala de cinema IMAX 3D completa o programa.

*O popular tanque dos pinguins*

### Tanques de Vida Marinha

No coração do aquário fica o Giant Ocean Tank, um enorme tanque oceânico com 900 mil litros de água salgada que abriga um recife de coral do Caribe e exibe grande variedade de criaturas, como tubarões, tartarugas marinhas, barracudas e centenas de peixes tropicais de todas as cores. Perto dele, a Tropical Gallery expõe diferentes tipos de ambiente marinho, dos escuros recifes onde vivem peixes de água profunda aos iluminados recifes de coral do Pacífico. Um tanque externo é o lar de uma animada colônia de focas-comuns.

### Tanque dos Pinguins e Tidepool

O superpopular tanque dos pinguins circunda a base do tanque oceânico gigante. Aqui estão pinguins das espécies africana, rockhopper e azul, disputando espaço na ilha central. Para aqueles que não se contentam em simplesmente olhar os peixes através do vidro, a atração Edge of the Sea Tidepool deixa a vida marinha ao alcance das mãos. A recriação de uma faixa costeira em fibra de vidro permite que as crianças toquem caranguejos e ouriços-do-mar.

### Observação de baleias

Os barcos de observação de baleias (abr-out) permitem vislumbrar a vida dos maiores mamíferos do mundo. O *Voyager II* e o *III* navegam do Boston Harbor até Stellwagen Bank, área de alimentação importante para os cetáceos.

*Um dos vários tipos de recife exibidos na Tropical Gallery*

*O novo Rowes Wharf, parte da revitalização do porto de Boston*

## Rowes Wharf ⑩

**Mapa J4.** Atlantic Avenue.

Concluído em 1987, este maravilhoso exemplo de revitalização do porto substituiu o embarcadouro que datava de 1760. Construído em tijolo aparente e projetado por Skidmore, Owings & Merrill, o empreendimento abriga o luxuoso Boston Harbor Hotel, condomínios, escritórios e uma marina. Uma grande arcada liga a cidade ao porto.

## Boston Tea Party Ships and Museum ⑪

**Mapa J5.** Congress St Bridge.

O Griffin's Wharf, cenário do Boston Tea Party em 16 de dezembro de 1773, desapareceu sob o aterro há muitos anos. Réplicas das três caravelas da British East India Company, envolvidas no protesto do Tea Party, às vezes ancoram no Fort Point Channel. Patriotas de hoje podem jogar ao mar imitações dos fardos de chá, recriando um dos episódios que levaram os britânicos a fechar o Boston Harbor em 1773 e a decretar lei marcial na colônia da baía de Massachusetts. Um museu no píer ao lado exibe modelos de navios e interessantes lembranças do Tea Party, além de outros materiais educativos.

## Children's Museum ⑫

**Mapa J5.** 300 Congress St. Aberto diariam. Entrada paga.

Voltado para o Fort Point Channel, um par de armazéns de lã do século 19 restaurados abriga um dos melhores museus para crianças do país. Inaugurado em 1913, o museu tem muitas atrações interessantes, e os pequenos poderão participar de jogos e atividades educativas, além de praticar escalada no New Balance Center.

O Art Studio oferece uma área interativa de reciclagem com tambores cheios de material para as crianças usarem em projetos criativos e autoeducativos, enquanto o Kid Power estimula a prática de atividades físicas e a vida saudável. Acrescenta-se um toque internacional com a visita à casa de comércio de seda, transplantada de

*O espaço de miniconstruções no Boston's Children's Museum*

Kyoto, Japão (cidade-irmã de Boston). No parque externo há um labirinto, uma "academia da selva" e espaços para esportes ao ar livre.

### Institute of Contemporary Art ⓭

**Mapa J5.** Northern Avenue. Aberto ter-dom. Entrada paga.

O museu de arte moderna e contemporânea da cidade ocupa um belíssimo edifício de madeira, aço e vidro construído no Fan Pier. O espaço para performances do complexo dá vista para a baía, e as galerias com luz natural proporcionam um cenário dinâmico para o Institute of Contemporary Art exibir seu inovador acervo e seu programa de eventos. As exposições fogem do convencional, e o instituto está montando sua primeira coleção permanente de trabalhos de vanguarda.

## SUGESTÕES

### RESTAURANTES E BARES

**Daily Catch**
**Mapa J3.** 323 Hanover St.
Tel (617) 523-8567.
**Barato**
*Saboreie lulas com alho em uma mesinha na calçada.*

**Maurizio's**
**Mapa J3.** 364 Hanover St.
Tel (617) 367-1123.
**Moderado**
*O chef de ascendência sardenha cria pratos fantásticos.*

**Pizzeria Regina**
**Mapa H3.** 11½ Thatcher St.
Tel (617) 227-0765.
**Barato**
*Deguste pizzas à moda antiga.*

**Pomodoro**
**Mapa J3.** 319 Hanover St.
Tel (617) 367-4348.
**Moderado**
*Deliciosos pratos vegetarianos.*

**Bricco**
**Mapa J3.** 241 Hanover St.
Tel (617) 248-6800.
**Moderado**
*Um ponto animado para confraternizar saboreando massas ao estilo dos Abruzzi.*

**Davide**
**Mapa J3.** 326 Commercial St.
Tel (617) 227-5745.
**Moderado**
*Serve pratos do sul da Itália.*

**Prezza**
**Mapa H3.** 24 Fleet St.
Tel (617) 227-1577.
**Caro**
*Substanciosa culinária toscana, sobremesas tentadoras e grandes vinhos.*

**Taranta**
**Mapa H/J3.** 210 Hanover St.
Tel (617) 720-0052.
**Moderado**
*Fusão artística das culinárias sardenha e peruana.*

### COMPRAS

**Salumeria Italiana**
**Mapa J3.** 151 Richmond St.
*Excelentes enlatados italianos e os melhores azeites de oliva.*

**V. Cirace Wine & Spirits**
**Mapa J3.** 173 North St.
*A melhor loja de vinhos italianos finos e outras bebidas.*

*Ver códigos de preço na pág. 64.*

EV
EV

# CHINATOWN E THEATER DISTRICT

Ao sul do Boston Common, a cidade ganha um ar mais simples. A região em torno da Washington Street, cortada pela Downtown Crossing, é a principal área de compras. Ao sul desse local fica Chinatown, e a oeste de Chinatown situa-se o Theather District, onde acontecem as apresentações dos shows da Broadway e de produções locais. Abaixo da Washington Street surgiu o bairro da luz vermelha –a zona do meretrício–, mas o local já está quase totalmente revitalizado.

## PRINCIPAIS ATRAÇÕES

**Ruas e Edifícios Históricos e Igrejas**

Bay Village 7
Brattle Book Shop 3
Chinatown 5
Ladder District 2
St. Paul's Cathedral 1

**Teatros**

Colonial Theater 6
Opera House 4
Shubert Theater 9
Wang Theater 8

***VEJA TAMBÉM***

• *Sugestões pág. 37*

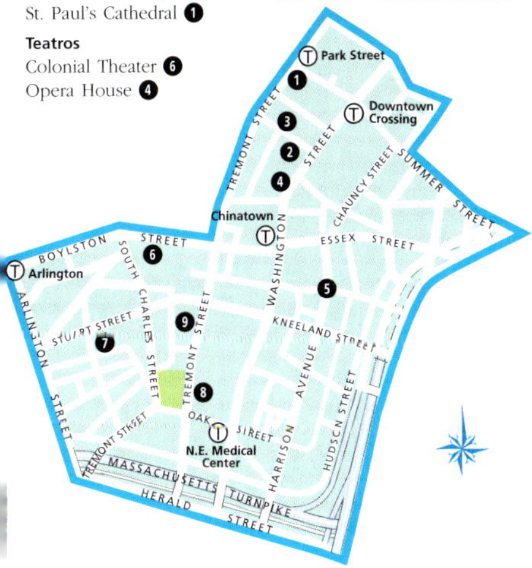


**LEGENDA**

Ⓣ Estação de metrô

0 metros 400

0 jardas 400

◀ *O colorido August Moon Festival, que se realiza na Chinatown de Boston*

## St. Paul's Cathedral ❶

**Mapa H4.** 138 Tremont St.

Consagrada em 1820, a St. Paul's Cathedral é o segundo bom exemplo de arquitetura neoclássica de Boston. O pórtico de seis colunas de pedra com capitéis jônicos é obra de Solomon Willard. O interior da igreja, com altar clássico e bancos altos fechados em formato de "caixa", é espaçoso e austero, típico do estilo encontrado nas igrejas da Nova Inglaterra. Em 1908, a igreja se tornou a catedral da diocese episcopal de Massachusetts, a maior dos Estados Unidos.

*O altar e os bancos clássicos no interior da St. Paul's Cathedral*

## Ladder District ❷

**Mapa H5.** Ruas e vielas entre a Washington e a Tremont Sts.

O emaranhado de vias estreitas que unem as ruas Washington e Tremont, outrora uma parte decadente do centro, renasceu com o novo milênio. Prédios altos e modernos foram erguidos em antigos pátios de estacionamento, e velhos tesouros arquitetônicos em ruas escuras passaram por uma grande reforma. Hoje abrigam restaurantes, bares e clubes noturnos. Junto com os novos e valorizados condomínios veio o hotel Ritz-Carlton Boston Common, prédio que desempenhou papel fundamental na revitalização de uma área que costumava ser "terra de ninguém", entre o Theather District e a Downtown Crossing. Aqui também fica o complexo de cinemas Loews Boston Common e o Sports Club/LA.

## Brattle Book Shop ❸

**Mapa H5.** 9 West St.
Aberto seg-sab.

A livraria fundada em 1825 e instalada em diversos locais ao redor de Boston é um tesouro para os bibliófilos, com um acervo de mais de 250 mil livros usados, raros e fora de catálogo. O proprietário, Kenneth Gloss, também dispõe de edições antigas de periódicos, além de um antiquário com mapas, impressos e manuscritos autografados. Neste prédio de três andares os visitantes deparam com carrinhos repletos de livros com descontos, por preços que vão de US$1 a US$5.

*Revistas antigas expostas na Brattle Book Shop*

*Ornamentos em estilo barroco espanhol na fachada da Opera House*

### Opera House ❹

**Mapa H5.** 539 Washington St.

Construída onde originalmente ficava o Boston Theather, a Opera House foi inaugurada em 1928. Com seu estilo barroco espanhol, fachada de terracota e balcão em forma de ferradura, o teatro representa o apogeu do design do início do século 20. A Opera House ainda mantém a opulência original, ao mesmo tempo em que ganhou recursos modernos e assentos confortáveis. É usada para espetáculos em turnê pelo país e apresentações do Boston Ballet.

### Chinatown ❺

**Mapa H5.** Limitado por Kingston, Kneeland, Washington e Essex Sts.

Chinatown ocupa quarteirões aterrados do que era a South Cove –um alagado formado pelas marés– até o início do século 19. Os primeiros chineses a se fixar na Nova Inglaterra vieram de São Francisco de navio em 1870. Sem instrução, a maioria foi recrutada para furar uma greve em uma fábrica de sapatos em Massachusetts e ficou sem trabalho por volta de 1874. A colônia chinesa de Boston só se estabeleceria completamente no final do século 19, com a vinda das indústrias têxteis. Restaurantes e boticários de medicina chinesa são especialmente numerosos nas ruas Beach, Oxford, Tyler e Harrison.

*Lojas e restaurantes na Chinatown de Boston*

### Colonial Theater ❻

**Mapa G5.** 106 Boylston St.

Projetado por Clarence H. Blackall, o Colonial Theater é o mais antigo teatro em funcionamento de Boston. Inaugurado em 1900, tem uma fachada simples que contrasta com o interior suntuoso, um exemplo admirável do estilo de H. B. Penell. O lobby rococó exibe candelabros dourados e tetos recôncavos. O auditório de 1.658 lugares é decorado com afrescos e frisas. Hoje o teatro é lembrado pelas estreias deslumbrantes de espetáculos como *Follies*, de Ziegfield. Também abrigou montagens dirigidas por nomes como Irving Berlin, Sigmund Romberg e Rogers e Hammerstein.

*Trabalho de entalhe dourado no Colonial Theater*

## Bay Village 7

**Mapa G5.** Limitado por Tremont, Arlington e South Charles Sts.

Originalmente uma extensão do mangue, a área de Bay Village foi drenada e se tornou habitável com a construção de um dique em 1825. Muitos dos que trabalharam nas obras das *town houses* de Beacon Hill construíram aqui seus lares –e, como consequência disso, há bastante similaridade arquitetônica entre as duas vizinhanças. A Fayette Street foi ampliada em 1824 durante os preparativos para a visita do marquês de Lafayette, general francês aliado de George Washington na guerra civil. Nos anos 1920, durante a Lei Seca, os pontos de venda clandestinos em Bay Village davam-lhe um ar boêmio. Hoje, a vizinhança é o centro da comunidade gay de Boston.

*Entrada em arco de Bay Village*

## Wang Theater 8

**Mapa G5.** 270 Tremont St. Tel (617) 482-9393. Ligue para confirmar horários.

Inaugurado em 1925 como Metropolitan Theater, o teatro de variedades da Nova Inglaterra foi inspirado na Ópera de Paris. Restaurado, ganhou seu novo nome em 1983. O Grand Lobby e o auditório de sete andares foram projetados em estilo neorrenascentista com vitrais e murais no teto. O atual Wang Theater abriga eventos variados: espetáculos itinerantes da Broadway, palestras, shows de humoristas e apresentações de música, dança e ópera de companhias locais. Os teatros Wang e Shubert são dirigidos pelo Citi Performing Arts Center.

## Shubert Theater 9

**Mapa G5.** 265 Tremont St. Tel (617) 482-9393.Ligue para confirmar horários.

Com seus 1.650 lugares, o Shubert Theater tem uma história de encenação de musicais pré-Broadway. O teatro foi inaugurado em 1910, e em seu auge recebeu muitas estrelas famosas, como Humphrey Bogart, Ingrid Bergman e Henry Ford. O Shubert Theater está cadastrado no registro nacional de prédios históricos. O teatro ficou fechado alguns anos, mas em 1997 foi reinaugurado com um sucesso da Brodway, *Rent*.

*Janela em estilo paladiano na entrada do Shubert Theater*

## SUGESTÕES

### RESTAURANTES

**King Fung Garden**
**Mapa H5.** 74 Kneeland St.
Tel (617) 357-5262.
**Barato**
*Tigelinhas da culinária mongol e decoração Taipei anos 1960.*

**New Shanghai**
**Mapa H5.** 21 Hudson St.
Tel (617) 338-6688.
**Barato**
*Ingredientes locais bem adaptados à cozinha de Xangai. Prove as costeletas agridoces.*

**Penang**
**Mapa H5.** 685 Washington St.
Tel (617) 451-6373.
**Moderado**
*Classifica-se como "pan-asiático" com um menu principalmente malaio: de yakisoba a pratos mais contemporâneos.*

**Mantra**
**Mapa H4.** 52 Temple Place.
Tel (617) 542-8111.
**Caro**
*Deguste a truta com chutney de coco em um lounge "hookah" em cabana de bambu.*

**Masa**
**Mapa G5.** 439 Tremont St.
Tel (617) 338-8884.
**Moderado**
*Novos pratos americanos com sabores do sudoeste, margaritas arrasadoras e bons vinhos.*

**Troquet**
**Mapa G5.** 140 Boylston St.
Tel (617) 695-9463.
**Moderado**
*Restaurante estiloso com os mais finos vinhos acompanhados de sugestões de pequenos pratos de bistrô francês.*

### COMPRAS

**Cheng Kwong Market**
**Mapa H5.** 73-79 Essex St.
*Legumes, comidas embaladas e frutas; ingredientes para cozinhas de Singapura a Seul.*

**Kim's Fashion Design**
**Mapa H5.** 12 Kneeland St.
*Prêt-a-porter e peças exclusivas da moda asiática. Sedas bordadas são a especialidade.*

**Silky Way**
**Mapa H5.** 38 Kneeland St.
*Uma loja completa para artes marciais: trajes, livros, vídeos e algumas armas.*

**Vessel**
**Mapa H5.** 125 Kingston St.
*Produtos de design inovador para a casa e o trabalho.*

### BARES E CASAS NOTURNAS

**Taiwan Café**
**Mapa H5.** 34 Oxford St.
*Os bostonianos se acotovelam por uma comidinha de Taiwan.*

**Estate**
**Mapa G5.** 1 Boylston Pl.
*Vista-se para impressionar neste clube da moda onde se veem dezenas de celebridades.*

**Venu**
**Mapa G5.** 100 Warrenton St.
*Cada noite tem um estilo de música diferente neste clube, que atrai adoradores da Prada.*

*Ver códigos de preço na pág. 64.*

# BACK BAY E SOUTH END

Até o século 19 Boston estava situada em uma península estreita rodeada de mangues. Os projetos para aterrar a Back Bay começaram na década de 1850, e por volta de 1880 os empreendedores entraram em ação. Com elegantes bulevares em estilo francês, Back Bay é hoje um dos endereços mais exclusivos de Boston. O boêmio South End tem estilo inglês e é lar de muitos artistas e da comunidade gay.

## PRINCIPAIS ATRAÇÕES

**Ruas e Praças Históricas**

Boylston Street 4
Commonwealth Avenue 2
The Esplanade 1
Newbury Street 3

**Edifícios Históricos, Igrejas e Museus**

Berklee Performance Center 8
Boston Center for the Arts 10
Boston Public Library 5
John Hancock Tower 6
Prudential Center 9
*Trinity Church págs. 42-3* 7

***VEJA TAMBÉM***

• *Sugestões pág. 45*

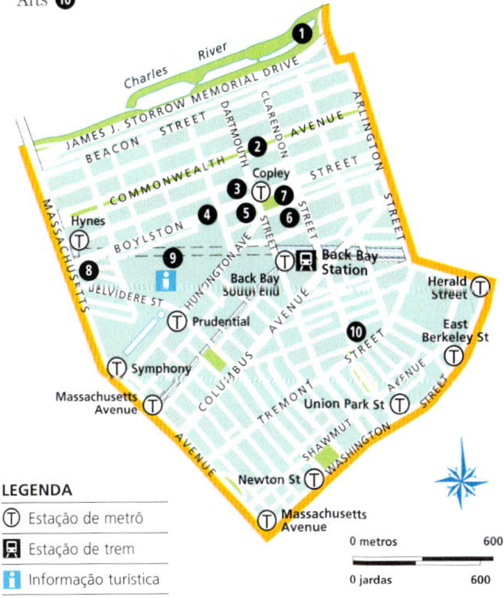


◄ *Vista de Back Bay e de suas tradicionais fileiras de casas*

*Fontes em The Esplanade, às margens do Charles River*

## The Esplanade ❶

**Mapa F4.** Aberto 24 horas diariam.

À margem do lado bostoniano do Charles River, entre as ruas Longfellow e Dartmouth, ficam o parque, as lagunas e as ilhas que, em conjunto, são conhecidos como The Esplanade. O parque é muito usado para patinar, caminhar, andar de bicicleta e navegar pelo rio. Também acolhe o principal local de shows e concertos ao ar livre da cidade, o Hatch Memorial Shell, lar da Boston Pops, orquestra especializada em música clássica e popular mais leve.

## Commonwealth Avenue ❷

**Mapa E5-F5.**

Back Bay foi o primeiro bairro totalmente planejado de Boston, e o arquiteto Arthur Gilman idealizou a Commonwealth Avenue como um bulevar elegante de Paris. A avenida se tornou a arena de disputa entre os arquitetos locais no fim do século 19. Caminhar do Public Garden à avenida Massachusetts é como folhear um catálogo de estilos arquitetônicos, mas poucos edifícios estão abertos à visitação. O parque tem estátuas de bostonianos e estrangeiros famosos.

## Newbury Street ❸

**Mapa E4-F4.**

Newbury Street é sinônimo de "estilo" em Boston. O Taj Boston, antigamente o Ritz-Carlton Hotel, na Arlington Street, dá o tom de elegância da rua, que se mantém na mistura de galerias de arte de prestígio, butiques de alta-costura e restaurantes. As igrejas trazem os indícios de uma era mais recatada. A necessidade de espaço comercial empurrou os moradores das *town houses* para os andares de cima, enquanto os níveis inferiores acabaram sendo ocupados por lojas chiques e restaurantes.

*A elegante Newbury Street, repleta de lojas, galerias e restaurantes*

## Boylston Street ❹

**Mapa E5-F5.**

A esquina das ruas Boylston e Berkeley representa a arquitetura de Boston em toda a sua diversidade. No leste desponta uma torre de Robert A. M. Sterne e um prédio de escritórios da Philip Johnson que lembra um rádio de mesa antigo. Há outros edifícios comerciais notáveis na rua. As torres do Prudential Center dominam a paisagem, juntamente com o Hynes Convention Center.

*O Bates Hall, com seu teto trabalhado, parte da Boston Library*

## Boston Public Library ❺

**Mapa F5.** Copley Square. General Library: aberta seg-sáb (out-mai: diariam).

Fundada em 1848, a Boston Public Library foi a primeira biblioteca pública da cidade. Logo o espaço se tornou pequeno, e entre 1887 e 1995 foi construído outro prédio em estilo de palácio italiano na Copley Square. A bela arquitetura inclui painéis do pintor francês Puvis de Chavannes nas escadarias e murais pré-rafaelitas sobre a busca do Santo Graal, de Edward Abbey. O edifício McKim é uma maravilha de madeira e mármore e abriga a coleção de pesquisa da biblioteca.

## John Hancock Tower ❻

**Mapa F5.** 200 Clarendon St. Fechado ao público.

Construção mais alta da Nova Inglaterra, esta torre de fachada espelhada e 226m de altura reflete o entorno. O projeto inovador criou um prédio de escritório de 60 andares que compartilha a praça com os vizinhos Trinity Church e Copley Plaza Hotel. De um ângulo, os observadores podem ver os reflexos da Trinity Church e o antigo Hancock Building (1947). O observatório localizado no último andar da torre está fechado por razões de segurança desde os trágicos acontecimentos de setembro de 2001 no World Trade Center de Nova York.

*Vista do Charles River com a John Hancock Tower ao fundo*

## Trinity Church ❼

Esta obra-prima de Henry Hobson Richardson, considerada uma das dez mais belas edificações dos Estados Unidos, data de 1877. A igreja é uma linda estrutura românica de granito e pedra calcária encimada por pirâmides. John LaFarge projetou o interior, enquanto algumas janelas foram desenhadas por Edward Burne-Jones e executadas por William Morris.

**Baixo-relevo** *de são Paulo diante do rei Agrippa na parede da capela.*

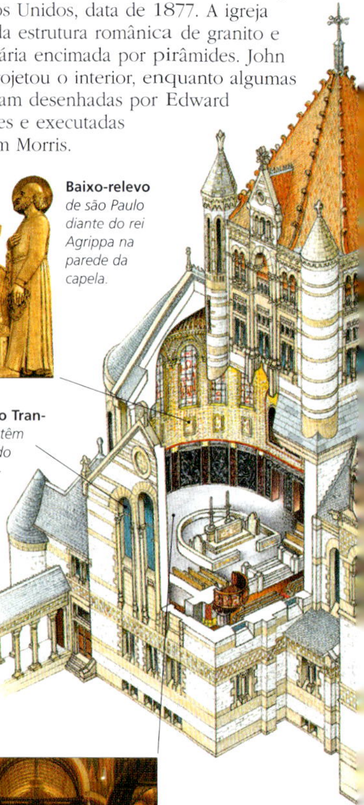

**As Janelas do Transepto Norte** *têm vitrais acima do coro que contam a história do Natal.*

**A capela** *foi desenhada por Charles Maginnis e consagrada em 1938. As sete janelas de Clayton & Bell mostram a vida de Cristo.*

**A Tarefa de Davi para Salomão** *fica no batistério. A história desse episódio bíblico, retratada na janela, é uma das poucas tiradas do Velho Testamento.*

**O campanário** *foi inspirado no da catedral renascentista de Salamanca, na Espanha.*

**O Pórtico Oeste** *foi remodelado por Richardson, que não gostava da fachada original da igreja. O desenho esculpido por ele –inspirado no da igreja de St. Trophime em Arles, na França– foi acrescentado após a sua morte.*

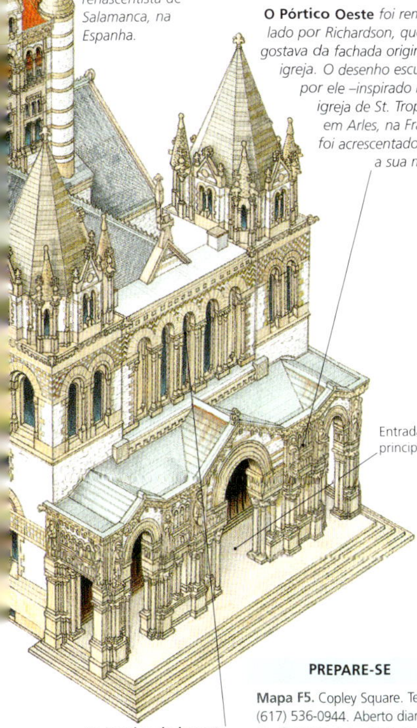

Entrada principal

**As janelas de lanceta** *retratam o suplício de Cristo.*

**PREPARE-SE**

**Mapa F5.** Copley Square. Tel (617) 536-0944. Aberto diariam. Confirmar horários. Entr. paga.

### Berklee Performance Center ❽

**Mapa E6.** 136 Massachusetts Ave.

Adquirido pelo Berklee College of Music em 1972, o Berkelee Performance Center passou por grandes reformas para se transformar em um dos melhores locais de entretenimento e cultura da cidade. O maior colégio independente de música do mundo, Berklee foi fundado em 1945 e revelou um bom número de estrelas do jazz, do rock e do pop, entre elas o produtor Quincy Jones e o saxofonista Brandford Marsalis. Os estudantes da escola e da faculdade elevam a qualidade musical da cidade apresentando-se preferencialmente no Berklee Performance Center. O centro se orgulha de sua excelente acústica, bem como da iluminação e do sistema de som.

### Prudential Center ❾

**Mapa E6-F6.** 800 Boylston St. Aberto diariam. Skywalk: entrada paga.

A torre de 52 andares foi construída em 1965. Escritórios e um centro de compras ocupam o térreo, e o "Pru" está ligado por passarelas ao Hynes Convention Center e ao Sheraton Back Bay Hotel formando um único complexo. Além das lojas e pequenos restaurantes, a principal atração do "Pru" é o Skywalk do 50º andar, o único observatório com vista de 360 graus em Boston. Sua localização, próxima da Boylston Street Hill, oferece vistas incríveis da cidade e do cais do porto.

*A Prudential Tower, do outro lado do espelho d'água da Christian Science*

### Boston Center for the Arts ❿

**Mapa F6-G6.** 539 Tremont St. Gallery: aberta qua-dom. Teatros: entrada paga.

Principal ponto cultural do emergente South End, o complexo B.C.A. inclui uma galeria de arte, quatro palcos, ateliês de artistas e também o prédio do Boston Ballet. O maior dos edifícios é o Cyclorama, que oferece um espaço para apresentações e exposições. O Stanford Calderwood Pavilion abriga o Virginia Wimberly Theatre e o Nancy and Edward Roberts Studio Theatre, enquanto a Mills Gallery expõe artistas contemporâneos.

*O Boston Center for the Arts, local de teatros e espaços de exposição*

## SUGESTÕES

### RESTAURANTES E CAFÉS

**Ciao Bella**
**Mapa E5.** 240 Newbury St.
Tel (617) 536-2626.
**Moderado**
*Porções generosas de cozinha italiana despretensiosa, em um ambiente "quente".*

**Firefly American Bistro**
**Mapa F6.** 130 Dartmouth St.
Tel (617) 262-4393.
**Moderado**
*Sanduíches, saladas e sopas para o almoço. Comida de bistro como suflê de ervilhas, marca registrada da casa, para o jantar.*

**Other Side Café**
**Mapa E6.** 407 Newbury St.
**Barato**
*Uma visita obrigatória para os saudáveis. Experimente o sanduíche de brie, maçã e pera.*

**Parish Café**
**Mapa F5.** 361 Boylston St.
**Barato**
*Martínis criativos combinam com os sanduíches criados por chefs famosos.*

**Brasserie Jo**
**Mapa F6.**120 Huntington Ave.
Tel (617) 425-3240.
**Moderado**
*Clássica brasserie para depois da meia-noite. Cervejas francesas de barril.*

**Oak Room**
**Mapa F5.** Fairmont Copley Plaza Hotel, 138 St. James Ave.
Tel (617) 267-5300.
**Caro**
*Famoso pela decoração exagerada e pelos filés sempre macios.*

### BARES E CASAS NOTURNAS

**Kings**
**Mapa E6.** 50 Dalton St.
*Um lounge retrô, com mesa de sinuca e boliche.*

**Match**
**Mapa E5.** 94 Massachusetts Ave.
*Este badalado lounge combina miniburgers com martínis elaborados e boa trilha sonora.*

**Rattlesnake Bar**
**Mapa F5.** 382 Boylston St.
*Abriga uma das multidões mais ruidosas do happy hour de Boston. Lugar para se enturmar.*

**Top of the Hub Lounge**
**Mapa E-F6.** 800 Boylston St.
*O bar impressiona com sua vista do 52º andar. Jazz ao vivo e um diabólico dry martini.*

### COMPRAS

**Fairy Shop**
**Mapa E5.** 272 Newbury St.
*Cristais, figuras de gnomo e sereia, joias, livros e talismãs.*

**Hempest**
**Mapa F5.** 207 Newbury St.
*A maior seleção mundial de roupas e acessórios de cânhamo.*

**Life is Good**
**Mapa E5.** 285 Newbury St.
*Moda jovem: roupas casuais ou peças excêntricas.*

**Pierre Deux**
**Mapa F5.** 109 Newbury St.
*De papéis de parede a tecidos para pratos, tudo para dar a sua casa um ar provençal.*

*Ver códigos de preço na pág. 64.*

# FORA DO CENTRO

Entre os séculos 19 e 20, Boston expandiu-se para os arredores. Antigas áreas de mangue abrigam hoje dois dos principais museus da cidade, o Museum of Fine Arts e o Isabella Stewart Gardner Museum. Cambridge é a sede de duas grandes instituições de ensino superior –a Universidade Harvard e o MIT (Massachusetts Institute of Technology)– e Charlestown tem como destaque o Bunker Hill Monument. Mais a noroeste ficam as históricas Concord e Lexington.

## PRINCIPAIS ATRAÇÕES

**Cidades**
Cambridge 8
Charlestown 7
Concord 10
Lexington 9

**Museus e Locais Históricos**
Isabella Stewart Gardner Museum 5
John F. Kennedy Library and Museum 1
John F. Kennedy National Historic Site 4
Museum of Fine Arts 6

**Jardim e Zoológico**
Arnold Arboretum 3
Franklin Park Zoo 2

### *VEJA TAMBÉM*

• *Sugestões pág. 57*

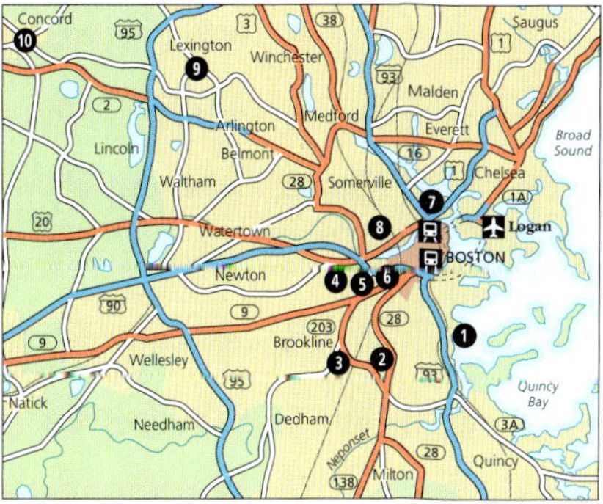


**LEGENDA**

Aeroporto

Estação de trem

0 quilômetros 10

0 milhas 5

◀ *Estudantes caminham no frondoso Old Harvard Yard*

## John F. Kennedy Library and Museum ❶

Columbia Point, Dorchester. Aberto diariam. Entrada paga.

O edifício de concreto e vidro que abriga a biblioteca John F. Kennedy parece vigiar o Columbia Point, perto da entrada do porto de Boston. Suas exposições fazem a crônica dos mil dias da presidência de Kennedy com uma instantaneidade que não é comum nos museus. Kennedy foi um dos primeiros políticos a entender o poder da mídia, e o museu se beneficia disso usando as palavras e imagens do próprio presidente para contar sua trajetória: a campanha pela indicação da candidatura pelo Partido Democrata, os debates com o adversário republicano Richard M. Nixon (que mais tarde se desmoralizaria com o escândalo Watergate) e os pronunciamentos à nação. Diversas salas reproduzem os aposentos mais importantes da Casa Branca durante a administração Kennedy, como o Salão Oval.

*A construção moderna da John F. Kennedy Library and Museum*

## Franklin Park Zoo ❷

1 Franklin Park Rd. Aberto diariam. Entrada paga.

*Gorila-ocidental com sua cria no Franklin Park Zoo*

O zoológico se expandiu tremendamente desde o século passado e trocou as jaulas por reproduções do ambiente natural dos animais. Gorilas-ocidentais passeiam na floresta com cavernas para se esconder e leões flanam por seu reino enquanto zebras, avestruzes e girafas desfrutam de liberdade para pastar. A Terra das Borboletas (The Butterfly Landing) fica em um jardim onde mais de mil borboletas voam de flor em flor. No Petting Zoo, os pequeninos podem encontrar os animais da fazenda.

## Arnold Arboretum ❸

125 Arborway, Jamaica Plain. Aberto amanhecer-anoitecer diariam.

Fundado pela Universidade Harvard em 1872 como um catálogo vivo das árvores e arbustos nativos ou adaptados ao clima da Nova Inglaterra, o Arboretum tem mais de 15 mil espécies classificadas. É o viveiro mais antigo dos Estados Unidos e um recurso essencial para a pesquisa botânica e agrícola. Também serve como parque público para correr ou descansar. O dia mais concorrido é o Lilac Sunday, um domingo no início de maio

*Árvore da Larz Anderson Bonsai Collection, exibida no Arboretum*

quando muitos visitam a coleção de violetas. A variedade de espécies garante flores de março a novembro. As belas clematites de outono florescem em setembro, época em que o Arboretum se transforma com as cores e as folhas secas da estação.

## John F. Kennedy National Historic Site ❹

83 Beals St, Brookline. Aberto fim mai-set: 10h30-16h30 qua-dom. Entrada paga.

Neste primeiro lar dos pais do presidente nasceram as quatro crianças Kennedy, incluindo JFK, em 29 de maio de 1917. Embora a família tenha se mudado para uma casa maior em 1921, a residência da Beals Street guarda lembranças especiais dos Kennedy, que readquiriram a casa em 1966 e a mobiliaram com os objetos de 1917 em homenagem a John F. Kennedy. A visita inclui uma entrevista gravada com a mãe do presidente, Rose. Um passeio pelas redondezas alcança outros locais relevantes para os primeiros anos da tradicional família.

## Isabella Stewart Gardner Museum ❺

**Mapa D7.** 280 The Fenway. Aberto 11h-17h ter-sáb. Entrada paga.

A única coisa mais surpreendente do que um *palazzo* de Veneza na Fenway é o acervo de mais de 2.500 obras de arte que há em seu interior. Aconselhada pelo conhecedor Bernard Berenson, a voluntariosa Isabella Stewart Gardner dedicou sua fortuna à arte no fim do século 19, adquirindo uma notável coleção de obras dos Grandes Mestres e da Renascença italiana. *O Rapto de Europa*, de Ticiano, por exemplo, é a melhor tela do pintor em um museu americano. O primeiro Matisse adquirido por um colecionador americano é dela, que também era uma entusiasmada patrocinadora de James McNeill Whistler. As pinturas e esculturas estão expostas em três níveis ao redor de um belo pátio.

O testamento de Gardner, vital para o estabelecimento do museu, estipulava que a coleção deveria permanecer montada do modo como ela originalmente determinou.

*O pátio central do Isabella Stewart Gardner Museum*

*Murais de John Singer Sargent na rotunda com domo do M.F.A.*

## The Museum of Fine Arts ❻

**Mapa D7.** Avenue of the Arts, 465 Huntington Ave. Aberto diariam. Entrada paga.

Fundado em 1876, o M.F.A. é o maior museu da Nova Inglaterra. Seu acervo conta com cerca de 450 mil peças. Durante a ampliação para acrescentar uma nova ala de arte americana, algumas galerias estiveram fechadas e outras mudaram de lugar.

**Arte Americana**

As galerias de pintura americana pré-1900 concentram-se em artistas de retratos e paisagens –de John Singleton Copley e Thomas Cole a John Singer Sargent e Winslow Homer. Pintores modernos estão bem representados por Edward Hopper, Georgia O'Keeffe e Jackson Pollock.

**Arte Europeia**

As galerias de arte europeia abrangem pintura e escultura desde retábulos medievais até obras dos Grandes Mestres, como Ticiano, Rembrandt, El Greco e Rubens. Nas seções de arte impressionista brilham as obras de Monet, Renoir, Degas e Cézanne. Picasso, Matisse e Henry Moore estão entre os artistas modernos expostos.

**Arte do Egito Antigo**

As coleções de arte e objetos do Egito Antigo e da Núbia são tidas como as maiores fora do Cairo. Arte funerária e múmias estão entre as principais atrações.

**Arte Asiática**

Várias galerias são dedicadas à arte da Índia, do Oriente Médio e da Ásia Central, incluindo pinturas islâmicas em miniatura. O M.F.A. também tem uma coleção abrangente de arte do Japão antigo. O Buddhist Temple Room guarda algumas obras-primas da arte sacra asiática.

*Bule coreano de prata do século 11*

**Arte Pós-1955**

O M.F.A. tem um dos melhores acervos de arte contemporânea, com pinturas de Chuck Close, Andy Warhol e Bridget Riley, esculturas de David Smith e fotografias de Robert Mapplethorpe.

## Charlestown 7

**Mapa H2.**

Situada do lado norte do Charles River, Charlestown transpira história. Aqui se travou a infame Batalha de Bunker Hill, quando as tropas americanas tiveram um grande número de baixas na luta pela independência. Hoje é um dos principais pontos da Boston's Freedom Trail (Trilha da Liberdade).

**Bunker Hill Monument**
Durante a primeira batalha entre tropas coloniais e britânicas, os ingleses ganharam mas não conseguiram fugir de Boston. Depois desse combate, em 17 de junho de 1775, americanos rebeldes formaram uma milícia irregular com o objetivo de encurralar as forças britânicas até George Washington forçar sua retirada pelo oceano, em março do ano seguinte. Os cidadãos começaram a levantar fundos para o Bunker Hill Monument em 1823, e construíram um obelisco comemorativo de granito com 67m de altura em 1843. Um museu no térreo traz um relato fascinante da batalha e de seu significado. Os 294 degraus até o topo levam o visitante a vistas espetaculares do porto de Boston.

**John Harvard Mall**
Dez famílias fundaram Charlestown em 1629, estabelecendo seus lares em Town Hill, um pontinho no mapa onde é hoje o John Harvard Mall. Em 1630, John Winthrop e os puritanos que chegaram em três navios instalaram-se na base de Town Hill, hoje City Square.

**Charlestown Navy Yard**
Estabelecida em 1800 como um das primeiras bases da Marinha no continente, Charlestown Navy Yard teve papel crucial no apoio da armada americana durante 174 anos, até que as antigas embarcações fossem substituídas por gigantes de ferro. Mais de 200 navios militares foram construídos aqui. É um exemplo dos primórdios da arquitetura industrial em Boston.

*Arte municipal em City Square*

**U.S.S. *Constitution***
O mais antigo navio de guerra ainda à tona ganhou o apelido de "Old Ironsides", apesar de ser de madeira, na guerra de 1812, quando resistiu às balas de canhão do britânico *Guerriere*. Enquanto estava na ativa, ganhou 42 batalhas, capturou 20 barcos e nunca foi invadido. Passou por revisão completa em seu bicentenário, em 1997.

*O obelisco de granito do Bunker Hill Monument, erigido em 1843*

# Cambridge 8

Embora faça parte da região metropolitana de Boston, Cambridge é uma cidade independente, tipicamente universitária, dominada pela Universidade Harvard e outras faculdades. Também possui diversas atrações históricas. A Harvard Square é a principal área de lazer de Cambridge.

*Local do Washington Elm, na Cambridge Common*

## ① Cambridge Common

Usada como área de pastagem comunitária a partir de 1631, Cambridge Common tornou-se centro da atividade política e social quando George Washington assumiu o comando do Exército Continental em 1775, abaixo do Washington Elm, hoje sinalizado por uma pedra.

*Músico de rua, Harvard Square*

## ② Christ Church

Garden St. Aberto diariam.

Com seu campanário e seu telhado de madeira cinza, a Christ Church é um exemplo sóbrio de igreja anglicana. Projetado em 1761, o edifício passou por uma prova de fogo ao servir de quartel para o Exército Continental em 1775. Os militares chegaram a derreter os tubos dos órgãos para forjar balas de mosquete.

## ③ Harvard Square

Até os bostonianos pensam na Harvard Square como símbolo de Cambridge –a praça era o local original de Cambridge por volta de 1630. A grande população de estudantes de Harvard está sempre em evidência nesta área repleta de lojas e restaurantes. Há muitos artistas de rua, principalmente nos fins de semana.

## ④ Longfellow National Historic Site

105 Brattle St. Aberto jun-out qua-dom. Entrada paga.

Construída no período colonial por comerciantes leais à Coroa britânica, durante a Revolução a casa foi tomada por revolucionários americanos e serviu

**PREPARE-SE**

**Mapa D3.** Harvard Square Information Booth (617) 497-1630. Cambridge Office of Tourism (800) 862-5678, (617) 441-2884.

de quartel-general para George Washington no Cerco de Boston. O poeta Henry Longfellow, decano literário de Boston, morou aqui de 1837 a 1888.

## ⑤ Harvard Yard

Em 1638, o clérigo John Harvard legou metade de sua propriedade a uma faculdade. Os líderes da colônia batizaram a escola com seu nome e renomearam a comunidade em torno de Cambridge em homenagem à cidade inglesa onde haviam estudado. Harvard hoje tem mais de 400 prédios, mas Harvard Yard é seu coração.

*Estátua de John Harvard*

## ⑥ Harvard Museum of Natural History

26 Oxford St. Aberto diariam. Entrada paga.

O Museu de História Natural de Harvard combina três museus em um: o de Mineralogia e Geologia, o de Zoologia Comparativa e o Botânico, que tem uma maravilhosa coleção de flores de vidro. O museu de Mineralogia exibe uma das melhores coleções mundiais de meteoritos, enquanto o acervo do museu de Zoologia inclui uma interessante coleção de esqueletos de dinossauro.

## CENTRO DE CAMBRIDGE

Cambridge Common ①
Christ Church ②
Fogg Art and Busch-Reisinger Museums ⑨
Harvard Museum of Natural History ⑥
Harvard Square ③
Harvard Yard ⑤
Longfellow National Historic Site ④
M.I.T. ⑩
Peabody Museum of Archaeology and Ethnology ⑦
Sackler Museum ⑧

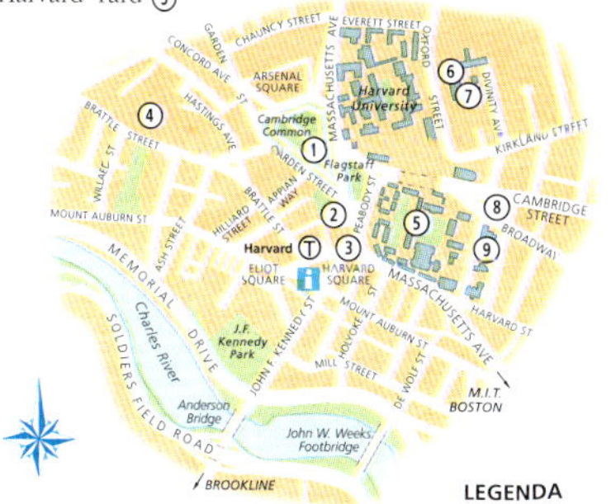


0 metros 600
0 jardas 600

**LEGENDA**

Informação turística
Ⓣ Estação de metrô

## ⑦ Peabody Museum of Archaeology and Ethnology

11 Divinity St. Aberto diariam. Entrada paga.

O Peabody foi fundado em 1866 como o primeiro museu das Américas dedicado à antropologia. Suas muitas coleções incluem vários milhões de objetos e mais de 500 mil fotografias. A pesquisa pioneira do museu começou com a escavação de ruínas maias na América Central.

## ⑧ Sackler Museum

485 Broadway, Cambridge. Aberto diariam. Entrada paga.

O nome é homenagem a um famoso filantropo e colecionador de arte, Arthur M. Sackler. Aqui fica o acervo permanente de arte antiga, asiática, latina e indiana de Harvard. O melhor modo de conhecer o museu é começar pelo quarto andar e descer até o saguão. Enquanto os museus Fogg e Busch-Reisinger estão em reforma, o Sackler exibirá itens selecionados dos acervos das três instituições.

*Escultura de Buda*

## ⑨ Fogg Art and Busch-Reisinger Museums

32 Quincy St. Fechados para reforma até 2013.

Quando os museus reabrirem, os visitantes vão deparar com um espaço de exibição melhor para as belas coleções de arte da Europa e da América. As galerias, dedicadas à arte ocidental da Idade Média aos tempos atuais, são organizadas em torno de um pátio central. O térreo abriga pinturas alemãs, flamengas, francesas e italianas do século 17. O ponto alto do segundo andar é a coleção de Maurice Wertheim de arte impressionista e pós-impressionista.

## ⑩ M.I.T.

77 Massachusetts Ave.

Instalado em 1861 para ensinar aos estudantes "exatamente e completamente os princípios fundamentais da ciência positiva com aplicação nas artes industriais", o Massachusetts Institute of Technology evoluiu e se tornou uma das principais instituições acadêmicas mundiais em engenharia e ciências. Muitas obras de arte arquitetônicas, como os Wiesner Buildings e a Kresge Chapel, ocupam o campus de 55ha às margens do Charles River.

*O Calderwood Courtyard, no Fogg Art Museum*

*A Battle Road Trail, parte do Minute Man Historical Park*

## Lexington 9

A prosperidade tranquila do subúrbio de Lexington hoje oculta seu papel fundamental na conquista da independência americana. Em 19 de abril de 1775, tropas britânicas e a milícia colonial trocaram tiros pela primeira vez. O conflito de Lexington Battle Green foi o início da Revolução Americana, e seu gramado é solo sagrado para os americanos desde então.

**Minute Man National Historical Park – Minute Man Visitor Center**

Este parque de $4km^2$ preserva o local e interpreta a história da primeira batalha da Revolução Americana. Ele explica como as forças britânicas tentaram desenterrar as munições coloniais escondidas na zona rural e como a milícia de Massachusetts e os cidadãos-soldados –conhecidos como *Minute men*– conseguiram derrotar o exército britânico. Uma boa parte do parque acompanha a trilha de 8km da batalha, a Battle Road Trail. Este foi o caminho percorrido pelas tropas britânicas quando avançaram de Lexington para Concord. O centro de visitantes tem um mural com as cenas do conflito e um espetáculo multimídia de 22 minutos, *Road to Revolution*.

**Lexington Battle Green**

Todos os anos em abril, atores recriam a Batalha de Lexington neste lindo gramado. No resto do ano, uma estátua de um homem da milícia de Massachusetts, erguida em 1900, relembra o evento.

**Historical Society Houses**

Estas três edificações fazem parte dos acontecimentos históricos de 19 de abril de 1775 (agora batizado de Patriots Day). A Buckman Tavern servia como ponto de encontro da milícia de Massachusetts e a Munroe Tavern era o quartel-general das forças britânicas.

*A Buckman Tavern, onde a milícia planejou a revolta antibritânica*

**National Heritage Museum**

Este museu, inaugurado no bicentenário da Batalha de Lexington, é dedicado a assuntos patrióticos e à celebração da cultura popular americana. Entre os objetos mais valiosos estão uma cópia do Lexington Alarm, um panfleto detalhando os eventos de Lexington e convocando os colonos americanos a se rebelar contra a Coroa britânica.

## Concord ⑩

Fundada em 1635, Concord está ligada à vizinha Lexington pelos conflitos de 19 de abril de 1775. Aqui ficaram escondidas as munições dos colonos favoráveis à separação da Grã-Bretanha. As batalhas de Concord, junto com o conflito de Lexington, são consideradas as primeiras da Revolução Americana. Meio século depois, Concord passou a ser ponto de encontro dos escritores americanos e floresceu como coração literário dos Estados Unidos.

A estátua do Minute Man em Concord

**Monument Square**
Esta praça no centro de Concord foi o foco da batalha entre tropas britânicas e coloniais naquele dia que hoje é conhecido como Patriots Day (19 de abril).

**Minute Man National Historical Park**
Embora os soldados britânicos tenham encontrado pouca resistência em Lexington Battle Green e conseguido prevalecer no centro de Concord, o desempenho deles caiu bastante no interior. A milícia colonial e os cidadãos-soldados *(Minute Men)* enfrentaram com sucesso as tropas britânicas que patrulhavam a North Bridge e as fizeram retroceder para seu acampamento em Boston. Hoje em dia, perto da ponte, há uma estátua do Minute Man e o North Bridge Visitor Center.

**Emerson House**
O escritor e filósofo Ralph Emerson (1803-82) era ministro unitarista no começo da idade adulta. Quando deixou o ministério e se mudou para Concord, instalou-se primeiro na Old Manse, onde escreveu o manifesto *Nature*. Ao casar com Lydia Jackson em 1835, fixou-se na Emerson House e aqui viveu até morrer, em 1882.

**The Old Manse**
O escritor Nathaniel Hawthorne (1804-64) viveu aqui em seus três primeiros anos de casado e escreveu *Mosses from an Old Manse* (1846), batizando a casa.

A Old Manse de Concord: lar dos mestres da literatura do século 19

**Concord Museum**
Iniciado em 1850, o museu contém uma das mais bem documentadas coleções de objetos ligados à história dos Estados Unidos. O acervo inclui artes decorativas dos séculos 17, 18 e 19.

**Sleepy Hollow Cemetery**
Este cemitério é o lugar de descanso final de muitos gigantes da literatura, como Henry David Thoreau, Nathaniel Hawthorne e Louisa May Alcott.

## SUGESTÕES

### RESTAURANTES

**Bella Luna**
284 Amory St., Jamaica Plain.
Tel (617) 524-6060.
**Barato**
*Cozinha italiana incluindo saladas coloridas, frango marsala e pizzas gourmet.*

**Diva**
246 Elm St., Somerville.
Tel (617) 629-4963.
**Barato**
*Este restaurante chique serve deliciosa culinária indiana.*

**El Miami Restaurant**
381 Centre St., Jamaica Plain.
Tel (617) 522-4644.
**Barato**
*O "rei dos sanduíches cubanos".*

**Tacos el Charro**
349 Centre St., Jamaica Plain.
Tel (617) 983-9275 .
**Barato**
*O melhor lugar da cidade para provar a verdadeira cozinha do Norte do México e ótimas cervejas mexicanas.*

**Tigerlily**
**Mapa E6.** 8 Westland Ave
Tel (617) 267-8881.
**Barato**
*Saborosos pratos malaios –os camarões jumbo ao coco são fora de série.*

**Bravo**
**Mapa E6.** 465 Huntington Ave.
Tel (617) 369-3474.
**Moderado**
*Um ambiente atraente para jantar pratos leves e saudáveis.*

**Oleana**
**Mapa D3.** 134 Hampshire St., Cambridge.
Tel (617) 661-0505.
**Moderado**
*Oferece pratos da suntuosa cozinha do Oriente Médio.*

### BARES E CASAS NOTURNAS

**River God**
**Mapa C3.** 125 River St., Cambridge.
*Música ao vivo todas as noites (às vezes com concursos de guitarra) e grande variedade de cervejas.*

**The Field**
**Mapa C3.** 20 Prospect St., Cambridge.
*Amigáveis bartenders enchem infinitos copos de chope para uma alegre multidão.*

**Regattabar**
**Mapa A2.** 1 Bennett St., Cambridge.
*Um lugar refinado, embora casual, para assistir a gigantes do jazz. Reserve.*

### COMPRAS

**Million Year Picnic**
**Mapa A2.** 99 Mt Auburn St., Cambridge.
*Uma extensa seleção retrô, importados raros e os últimos quadrinhos indie.*

**Museum of Useful Things**
**Mapa B2.** 49B Brattle St., Cambridge.
*Um empório de objetos bem pensados para a casa e o trabalho. Ótimo para encontrar presentes diferentes.*

*Ver códigos de preço na pág. 64*

# Como Circular em Boston

O transporte público em Boston e Cambridge é muito bom. Todas as principais atrações podem ser alcançadas por meio de metrô, ônibus e táxi. Os bairros centrais também podem ser facilmente percorridos a pé.

## Como Se Localizar

O Greater Boston Convention and Visitors Bureau é um ótimo ponto de contato, e seu hotel deve estar preparado para oferecer dicas sobre a circulação na cidade. A maior parte de Boston se desenvolveu "organicamente", sem seguir padrões rígidos. Quando estiver tentando se localizar, pense na cidade como encraves –bairros em torno de algumas praças centrais. Em linhas gerais, acima do Boston Common fica Beacon Hill, e abaixo, o centro. Back Bay começa na Arlington Street. O North End se destaca no lado norte da cidade.

*O CharlieCard, para viagens de metrô*

## Metrô e Ônibus Elétricos MBTA

A combinação de metrô e ônibus elétrico é conhecida como o "T". O sistema opera de segunda a sábado das 5h às 0h45, e no domingo das 6h às 0h45. Para entrar no metrô, você tem de inserir na catraca um CharlieTicket de papel (US$2) ou um CharlieCard de plástico (US$1,70). Um LinkPass para viagens ilimitadas (1 dia US$9; 7 dias US$15; 1 mês US$59) pode ser adquirido na Downtown Crossing, no Government Center, na South Station e nas paradas "T" do aeroporto.

## Ônibus MBTA

Os ônibus costumam estar cheios, e é difícil obter os itinerários. As duas melhores linhas para ver a cidade são Charlestown-Haymarket e Harvard-Dudley. Para a tarifa, é preciso ter dinheiro trocado ou um CharlieTicket (US$1,50) ou CharlieCard (US$1,25).

## Táxis

As tarifas são calculadas tanto pela distância quanto pelo tempo, começando com uma bandeirada de US$2,25. Em geral, os táxis de Boston e Cambridge são mais caros

*O ônibus duplo da MBTA, com sua faixa amarela característica*

*Táxis esperando por corridas em um dos muitos pontos da cidade*

do que os das outras cidades americanas. Uma tabela de preços deve estar afixada dentro do veículo.

## Carro e Estacionamento

Ter um carro em Boston pode ser uma facilidade inegável, particularmente para visitar locais mais distantes. No entanto, o trânsito é pesado, a área de estacionamento, restrita, e as ruas de mão única do centro podem confundir os visitantes. Estacionar nos parquímetros é grátis aos domingos e feriados, mas nos outros dias não se esqueça de colocar as moedas, ou você levará uma pesada multa. Uma boa ideia é estacionar no subúrbio, perto de uma parada "T" ou de ônibus, e ir para cidade de transporte público.

## Aluguel de Carro

A idade mínima para alugar um carro é 21 anos, e é preciso apresentar a carteira de habilitação brasileira e o passaporte. Todas as agências exigem um cartão de crédito ou um depósito em dinheiro. Seguro contra acidentes e outras ocorrências é recomendável. Devolva o carro com o tanque cheio para evitar os preços inflacionados de combustível cobrados pela locadora.

## Bicicleta

A cidade tem uma extensa malha de ciclovias. Lojas de bicicleta e bancas de jornal oferecem o *Boston Bike Map*, que detalha os percursos na região metropolitana.

## A Pé

Boston é um bom lugar para caminhar, já que é compacta, e muitas ruas são ladeadas por passeios. O melhor é usar o transporte público para chegar ao bairro que se quer visitar –e aí andar.

*Boston Parkland, ótimo lugar para uma corrida durante o outono*

### AGENDA

**M.B.T.A.**
10 Park Plaza.
Tel (617) 222-3200.
**www.mbta.com**

**Town Taxi**
Tel (617) 536-5000.

**Hertz**
Tel (800) 654-3131.
**www.hertz.com**

**Greater Boston Convention and Visitors Bureau**
2 Copley Place, suite 105.
Tel (617) 536-4100.
**www.bostonusa.com**

# Manual de Sobrevivência

Boston é uma das cidades mais seguras dos EUA. Seus excelentes centros de informação turística ajudam as pessoas a aproveitar ao máximo a estada, e a cidade oferece uma acessibilidade acima da média para portadores de deficiência e crianças. Bastam algumas precauções para que tudo corra bem.

*Uma das muitas agências do Bank of America em Boston*

## Dinheiro

### Bancos e caixas eletrônicos

Bancos abrem de segunda a sábado das 9h às 14h. Pergunte sempre se há taxas para fazer qualquer transação. Na maioria dos bancos, traveller's cheques em dólares americanos podem ser trocados mediante a exibição de um documento com foto, embora o passaporte seja necessário para a troca de moeda estrangeira. O câmbio de dinheiro está disponível nas agências dos grandes bancos. Os caixas eletrônicos podem ser encontrados por toda a cidade, quase sempre perto de uma agência bancária. Os cartões de crédito Visa e MasterCard são bastante aceitos.

### Cartões de crédito

American Express, Visa, MasterCard e Diner's Club são aceitos na maioria dos locais em Boston. Cartões de crédito oferecem benefícios adicionais, como segurança nas compras. São essenciais para reservar hotel ou carro alugado.

### Câmbio

Agências de câmbio como American Express Travel Service e Travelex Currency Services ficam abertas normalmente nos dias de semana. Muitos bancos também oferecem serviços de câmbio, mas a maioria das transações exige o pagamento de taxas ou comissões.

## Comunicação

### Correios

As agências ficam abertas de segunda a sexta das 9h às 17h, e até o meio-dia no sábado. Se estiverem corretamente selados, cartas e pacotes de menos de 500g podem ser enviados através de qualquer caixa de correio azul. Os horários de coleta estão escritos no lado de dentro da tampa. Sempre

*Agência de correio na Charles Street*

coloque o código postal no envelope ou pacote.

**Telefones**

Há telefones públicos em algumas esquinas. A maioria aceita moedas ou cartões telefônicos que podem ser adquiridos em lojas, bancas de jornal e postos de gasolina. As chamadas locais de 3 minutos custam de 35 a 50 cents, e as de longa distância variam e incluem tanto uma tarifa fixa como uma variável, pelo tempo da ligação. O código de área de Boston é 617 ou 857, e é exigido nas chamadas locais. Para as ligações internacionais disque 011, seguido pelo código do país (o do Brasil é 55), pelo de área (sem o primeiro 0) e pelo número.

Cartão telefônico

## Segurança e Saúde

**Seguro-viagem**

Os visitantes são aconselhados a ter uma cobertura de saúde completa, médica e odontológica, porque esses serviços podem ser muito caros nos EUA. Mesmo tendo o seguro você pode ter que pagar e depois pedir o reembolso de seu plano. Se você estiver tomando remédios, traga uma receita médica.

Policial de Boston

**Emergências**

Se você tiver alguma emergência médica, vá para o pronto-socorro. Se precisar de uma ambulância, ligue para 911 (grátis), e um carro será enviado. Dependendo das limitações de seu seguro, é melhor evitar os hospitais municipais lotados e procurar um particular. Ligue 911 para chamar os bombeiros ou a polícia.

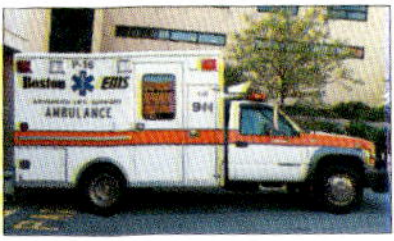
Ambulância estacionada em hospital

**Assistência jurídica**

Se você precisar de assistência jurídica, deve ligar para o Consulado-Geral do Brasil em Boston (617 542-4000) ou para a Embaixada do Brasil em Washington (202 238-2805). Se você for preso por qualquer motivo, saiba que tem o direito de permanecer em silêncio.

### AGENDA

**Serviços de Emergência**
Polícia, Bombeiros, Primeiros Socorros
Tel 911 (gratuito); ou disque 0 para falar com o operador.

**Emergência Odontológica**
Tel (800) 342-8747.
www.massdental.org

**Emergência Médica**
Tel (781) 893-4610.
Tel (800) 322-2303.

**Hospitais**
Tel 411 para auxílio à lista.

**Farmácia**
35 White St., Cambridge.
(farmácia aberta 24 horas)
Tel (617) 876-5519.

**Boston CitySearch**
www.boston.citysearch.com

# Índice

# Agradecimentos

A Dorling Kindersley gostaria de agradecer às seguintes pessoas cuja ajuda e assistência contribuíram na preparação deste livro.

## Design e Editorial

*Editor* Douglas Amrine
*Gerência Editorial* Kathryn Lane, Christine Stroyan
*Gerência de Arte* Mabel Chan
*Editor de Projeto* Ros Walford
*Design* Shahid Mahmood
*Cartografia* Casper Morris
*Controle de Produção* Sophie Argyris, Anna Wilson
*Pesquisa Iconográfica* Ellen Root
*Diagramação* Natasha Lu
*Design de Capa* Tessa Bindloss
*Editorial e Design* Tessa Bindloss, Karen Fitzpatrick, Rhiannon Furbear, Patricia Harris, Stuart James, David Lyon, Hayley Maher

## Créditos das Fotos

Todo esforço foi feito para identificar os proprietários dos direitos de publicação e lamentamos qualquer omissão inadvertida. Teremos prazer em acrescentar as emendas necessárias em futuras edições.

a-alto; ae-alto, esquerda; ad-alto, direita; ce-centro, esquerda; c-centro; cdb-centro, direita, embaixo; be-embaixo, esquerda; b-embaixo.

Os editores gostariam de agradecer a estas pessoas, empresas e fontes de imagens pela permissão para reproduzir suas fotografias:

Courtesy of Commonwealth Of Massachusetts Art Commission: *Civil War Army Nurses Memorial* 1911 Bela Pratt 13ce. DK Images: Courtesy of the Old South Meeting House, Boston 17; Courtesy of Harvard University, Cambridge MA. Fourthree Media: Justin Flute 60ae. James Lemass: 32, 55cdb. Minute Man National Historical Park: 55ae. Courtesy of Museum Of Fine Arts: 50a, 50c. Courtesy of Museum Of Science, Boston: 7ad. Paul Revere Memorial Association: 28be.

Capa
Getty Images: Robert Harding World Imagery/Fraser Hall.

Lombada
DK Images: Linda Whitwam b.

Contracapa
DK Images: John Coletti a.




Para mais informações
www.DKimages.com.

## Códigos de Preço

Refeição para uma pessoa composta de três pratos, meia garrafa de vinho da casa, imposto e serviço.
**Barato** até US$30
**Moderado** US$30-US$60
**Caro** acima de US$60


**Dados Internacionais de Catalogação na Publicacão (CIP)**
**(Câmara Brasileira do Livro, SP, Brasil)**

Boston / Dorling Kindersley ; [tradução Marina Amaral]. -- São Paulo : Publifolha, 2011. -- (Guia visual de bolso).

Título original: Boston
ISBN 978-85-7914-291-8

1. Boston (Estados Unidos) - Descrições e viagens - Guias I. Dorling Kindersley. II. Série.

11-02737 CDD-917.4461

Índices para catálogo sistemático:
1. Boston : Estados Unidos : Guias de viagem 917.4461
2. Guias de viagem : Boston : Estados Unidos 917.4461

# Frases

## Em Emergências

| | | |
|---|---|---|
| Socorro | **Help** | *rrélp* |
| Pare | **Stop** | *stóp* |
| Chame um médico | **Call a doctor** | *koladóktor* |
| Chame uma ambulância | **Call an ambulance** | *kolanémbiulens* |
| Chame a polícia | **Call the police** | *kol dê pôlís* |
| Chame os bombeiros | **Call the fire department** | *kol dê fáier dipártment* |
| Onde fica o telefone mais próximo? | **Where is the nearest telephone?** | *ueriz dê nírest télefoun?* |
| Onde fica o hospital mais próximo? | **Where is the nearest hospital?** | *ueriz dê nírest rróspital?* |

## Comunicação Essencial

| | | |
|---|---|---|
| Sim/Não | **Yes/No** | *iés/nôu* |
| Por favor | **Please** | *plíz* |
| Obrigado | **Thank you** | *fênkiu* |
| Com licença | **Excuse me** | *ekskíuzmi* |
| Bom dia | **Good morning** | *gud mórnin* |
| Boa noite | **Good night** | *gud náit* |
| Até logo | **Goodbye** | *gudbái* |
| Ontem | **Yesterday** | *iéstêrdei* |
| O quê? | **What?** | *uát* |
| Quando? | **When?** | *uén* |
| Hoje | **Today** | *túdei* |
| Amanhã | **Tomorrow** | *tumórou* |
| Aqui | **Here** | *rriér* |
| Lá | **There** | *dér* |
| O quê? | **What?** | *uát* |
| Quando? | **When?** | *uén* |
| Por quê? | **Why?** | *uái* |
| Onde? | **Where?** | *uér* |

## Frases Úteis

| | | |
|---|---|---|
| Como vai? | **How are you?** | *rrauáriu* |
| Muito bem, obrigado. | **Very well, thank you** | *véri uél, fênkiu* |
| Prazer em conhecê-lo | **Pleased to meet you** | *plízd tu mítiu* |
| Onde está/estão? | **Where is/where are...?** | *uériz/ uérár* |
| Como se vai para..? | **Which way to..?** | *uítch uei tu* |
| Você fala português? | **Do you speak portuguese?** | *du iu spík portiuguíz?* |
| Não entendo | **I don't understand** | *ai dount anderztênd* |
| Pode falar mais devagar, por favor? | **Could you speak more slowly, please?** | *kúdiu spík môr slôuli plíz?* |
| Desculpe | **I'm sorry** | *áim ssóri* |

## Compras

| | | |
|---|---|---|
| Quanto custa isto? | **How much does this cost?** | *rrau mátch daz dês kóst?* |
| Eu gostaria | **I would like...** | *ai uôd laik* |
| Vocês têm...? | **Do you have...?** | *du iu rrév...?* |
| Vocês aceitam cartões de crédito? | **Do you take credit cards?** | *du iu têik krédit kardz?* |
| A que horas vocês abrem? | **What time do you open?** | *uotáim du iu ôupén?* |